Gerhard Wettig
Gorbatschow auf Lenin-Kurs?

Gerhard Wettig

Gorbatschow auf Lenin-Kurs?

Dokumente zur neuen sowjetischen Politik

Rheinau-Verlag-Köln

Der Autor Gerhard Wettig ist 1934 in Gelnhausen/Hessen geboren. 1953 Abitur. 1953–1959 Studium mit einem Stipendium der Studienstiftung des deutschen Volkes an den Universitäten Tübingen, Freiburg, Leeds (England) und Göttingen – Studienfächer Geschichte, Slawistik Politikwissenschaft. 1959–1961 Promotion mit einer Arbeit über die Rolle der Armee in der Revolution 1917 an der Universität Göttingen. 1962–1966 Wissenschaftlicher Referent und Forschungsbeauftragter der Deutschen Gesellschaft für Auswärtige Politik in Bonn. 1966 Tätigkeit am Bundesinstitut für ostwissenschaftliche und internationale Studien in Köln. 1988 Leiter des Forschungsbereichs Ost-West-Beziehungen und internationale Politik am Bundesinstitut. Zahlreiche Auslandsreisen (u. a. USA, UdSSR, Japan, China). Umfangreiche Buch- und Aufsatzveröffentlichungen über Ost-West-Beziehungen.

Rheinau-Verlag-Köln, Dr. Helmut Müller
Mucher Straße 4, 5000 Köln 91
Gesamtherstellung: Druckerei Locher GmbH, Köln
ISBN 3-922475-II-6

Gorbatschow – Lenin

Dokumentation, hrsg. und eingel. von Gerhard Wettig,
Bundesinstitut für ostwissenschaftliche und internationale Studien

Einführung

Die politische Erneuerung, die Gorbatschow in der Sowjetunion durchzusetzen sucht, hat vielerorts Hoffnungen geweckt. Nachdem der Generalsekretär in einem für den Kreml bisher nicht gekannten Ausmaß Gedanken ausgesprochen hat, die westlichen Vorstellungen zu entsprechen scheinen, gilt eine Abschwächung, vielleicht sogar der Wegfall des Systemkonflikts zwischen Ost und West als möglich. Das würde eine Entlastung des politischen Lebens in den westlichen Demokratien bedeuten. Wenn keine Abwehrhaltung gegenüber der Sowjetunion mehr erforderlich wäre, würden große Energien und Ressourcen für neue Aufgaben – von der Bewältigung von Beschäftigungs- und Umweltproblemen bis hin zur Überwindung von Hunger und Armut in den Entwicklungsländern – frei werden. Europa erhielte die Chance, seine geistig-kulturelle Einheit in Freiheit und Selbstbestimmung wiederzugewinnen. In diesem Rahmen ergäbe sich auch eine Perspektive für die Lösung des Problems der deutschen Teilung.

Angesichts solcher Erwartungen überrascht es nicht, daß Gorbatschow für viele zum Hoffnungsträger geworden ist. Niemand kann sich, zumal im geteilten Deutschland, der Wirkung entziehen, die von dem Zukunftsbild einer sich anbahnenden Überwindung der Ost-West-Spaltung ausgeht. Wenn die neue Politik Moskaus Fortschritte in dieser Richtung herbeiführen würde, könnte dies nur Freude und Sympathie auslösen. Ein Erfolg dabei wäre Gorbatschow dringend zu wünschen.

Viele hegen die Hoffnung, daß Gorbatschows Politik der Umgestaltung, der Publizität und des neuen Denkens darauf abzielt, die bisherige Repression im Innern und den hergebrachten Gegensatz zum Westen abzubauen. Das würde, so ist die Ansicht, auf eine Abschwächung oder sogar Beseitigung der Leninschen Handlungsmuster hinauslaufen. Damit verbindet sich oft die Erwartung, daß die von dem Generalsekretär betriebene Politik auf einen Abbau der Spannungen zwischen den beiden Systemen ausgerichtet ist. Sollte diese Annahme irrig sein, wären alle Erwartungen auf Sand gebaut. Sie könnten sogar fehlorientieren und das Gegenteil der erwünschten Entwicklung einleiten. Daher bedarf es einer Prüfung der Sachlage anhand des Zeugnisses, das sich Gorbatschow, seine Kollegen und Mitarbeiter mit ihren Selbstaussagen über die verfolgte Politik und deren Motive ausstellen.

Dabei geht es nicht um die Frage, ob die Gorbatschow-Führung politische Veränderungen anstrebt. Daß Neues ins Werk gesetzt wird, ist unter den westlichen Sachverständigen unbestritten. Notwendig erscheint freilich eine

Klärung dessen, was die dabei eingeschlagene Richtung ist. Wer in sowjetische Stellungnahmen hineinschaut, wird zunächst mit Freude die Verwendung geschätzter politischer Leitbegriffe feststellen.

Erfahrungen mit den Problemen interkultureller Kommunikation vermitteln allerdings die Einsicht, daß Worte, die in der einen politischen Kultur einen fest umrissenen Sinngehalt besitzen, anderswo etwas durchaus anderes bedeuten können. Insbesondere ist es für die moderne Weltzivilisation charakteristisch, daß bestimmte Wertbegriffe globale Verbreitung erlangt haben, ohne daß sie deswegen überall in der gleichen Weise verstanden werden. Man spricht beispielsweise allerorten von „Demokratie" als einem hohen politischen Wert. Jeder einigermaßen Informierte weiß aber, daß die Vorstellungen, die sich damit in vielen Ländern etwa der Dritten Welt, damit verbinden, von unserem Demokratiebegriff stark abweichen.

Auch in der Sowjetunion gilt herkömmlicherweise eine andere Auffassung, die auf Lenins Gleichsetzung der „Demokratie" mit der „Diktatur des Proletariats" im Klassenkampf beruht. Angesichts dessen ist zu fragen, inwieweit auch andere seither in Gebrauch gekommene sowjetische Begriffe mit Bedeutungen verknüpft sind, die von einem anderen Verständnis als dem unseren ausgehen.

Die Andersartigkeit der politischen Kultur in der UdSSR beruht zunächst auf der verpflichtenden Geltung eines politischen Lehrgebäudes, das zwar in seinen ersten Grundlagen im Westen entwickelt worden ist, aber von vornherein als Antithese zur westlichen Wirklichkeit gedacht war und anschließend von Lenin seine spezifisch russische Ausprägung erhalten hat. Die marxistisch-leninistische Doktrin geht traditionell von einem ebenso scharfen wie unüberbrückbaren Gegensatz zur bürgerlichen Gesellschaft und/oder zur westlichen Demokratie aus.

Dieses ideelle Erbe hat sich in den politischen Institutionen und den verfahrensmäßigen Normen der Sowjetunion niedergeschlagen. Damit verbindet sich eine politische Sichtweise, die auf eine andere Wertordnung als die bei uns akzeptierten Vorstellungen zurückgeht. Die Gesamtheit der Gesellschaft gilt als Träger aller Rechte. Der Einzelne darf nur so weit Ansprüche stellen, wie es das Ganze zuläßt.

Herkömmlicherweise wird die Parteiführung als die politische und geistige „Avantgarde" betrachtet, die kraft dieser herausgehobenen Rolle über die wahre Einsicht verfügt und daher zur Wahrnehmung der gesamtgesellschaftlichen Interessen berufen ist. Die politischen Veränderungen, die Gorbatschow einleitet, sind vor diesem Hintergrund zu sehen.

Die Geltung der marxistisch-leninistischen Doktrin in der UdSSR ist auf einer geschichtlichen Grundlage zustande gekommen, die von dem im

Westen nachwirkenden historischen Erbe deutlich abweicht. Während die Entwicklung Europas von den Küstenländern des Atlantiks bis hin nach Polen entscheidend von dem Nebeneinander von Staat und Kirche geprägt worden ist, steht Rußland in der Tradition von Byzanz. Hier gab es nie Auseinandersetzungen zwischen Kaiser und Papst, zwischen weltlicher und geistlicher Gewalt. Kein Augustinus, kein Luther stellte je die „beiden Reiche" einander gegenüber. Vielmehr galt der weltliche Herrscher zugleich als Inhaber der obersten geistlichen Gewalt – mit der konkreten Folge, daß seine Untertanen ihm zu ungeteilter äußerer und immer Loyalität verpflichtet waren. Ein Vorbehalt von der Art, daß sie zwar ihre praktischen Pflichten gegenüber dem Herrscher zu erfüllen bereit waren, aber hinsichtlich ihrer geistigen Orientierung unter Hinweis auf die Autorität der Kirche einen Vorbehalt anmelden konnten, war grundsätzlich undenkbar.

Die Emanzipation des Gewissens von dem staatlichen Zugriff, die für West- und Mitteleuropa so charakteristisch ist, blieb Rußland versagt. Statt dessen gab es eine einzige Gewalt, die den Menschen total für sich beanspruchte. Vor diesem Hintergrund erscheint es geradezu der geschichtlichen Logik zu entsprechen, daß der Liberalismus in Rußland nur zeitweilige Geltung erlangte und dann durch Lenins Kommunismus verdrängt wurde, dessen Vertreter so wie vor den Reformen Alexander II. die Zaren den ganzen Menschen für sich beanspruchten. Bricht nun Gorbatschow im Zeichen von „neuem Denken", „Umgestaltung", „Demokratisierung" und „Öffentlichkeit" (glasnost') mit dieser Traditionslinie, um den Menschen einen Freiraum für ihre persönliche Entfaltung zu geben?

Die Annahme, daß der Generalsekretär sein Land auf eher westliche als hergebrachte Wege führen wolle, scheint sich nicht mit seiner nachdrücklichen Berufung auf Lenin als das stets und überall gültige Vorbild zu vertragen. Der Begründer des Sowjetstaates war schließlich ein scharfer Gegner der „bourgeoisen" Welt des Westens, in der er nicht nur die konstitutionellen Monarchien, sondern auch die demokratischen Republiken als bekämpfenswert ansah und behandelte. Zeit seines Lebens war er an dem Ziel der Weltrevolution orientiert, die der bürgerlichen Gesellschaft in jedweder Form ein Ende setzen sollte.

Gorbatschows Berufung auf Lenin läßt sich freilich auch als eine ebenso notwendige wie äußerliche Rechtfertigungsoperation verstehen. Gerade wenn, so ist eingewandt worden, der Generalsekretär tiefgreifende Veränderungen im Sinne hat, muß er die zu erwartende Kritik durch Hinweise auf die Autorität Lenins zu entkräften suchen. Nur indem er sein Handeln als mit den Absichten Lenins übereinstimmend darstellt, kann er sich die politische Legitimation verschaffen, deren er für eine Politik radikalen Wandels bedarf.

Auch dieses Argument jedoch erlaubt Widerspruch. Wenn das sowjetische System den Führer des Landes unausweichlich vor die Notwendigkeit stellt, den leninistischen Charakter seiner Politik unwiderleglich darzutun, dann läßt sich daraus auch ableiten, jede Möglichkeit des Ausbruchs aus der bisherigen antiwestlichen Grundtendenz sei von vornherein ausgeschlossen. Schließlich könnte jeder Opponent eine Politikveränderung in dieser Hinsicht dadurch verhindern, daß er Gorbatschow ein Abweichen von der Leitlinie Lenins nachweist und diesen dadurch zum praktischen Erweis des Gegenteils zwingt. Die Möglichkeit, die eine wie die andere Ansicht plausibel zu machen, läßt die Unentscheidbarkeit der Frage mittels theoretischer Erörterungen deutlich werden. Ein Blick auf die Evidenz der sowjetischen Quellen ist notwendig.

Einen wichtigen Anhaltspunkt liefert die Art, in der sich Gorbatschow auf Lenin bezieht. Wenn man den jetzigen Generalsekretär mit seinen Vorgängern vergleicht, dann fällt zweierlei auf. Zum einen hat das Ausmaß, in dem Lenin zitiert wird, stark zugenommen. Zum anderen erfolgen die Bezugnahmen auf den Begründer des Sowjetstaates normalerweise nicht in einem nachträglichen rechtfertigendem Sinne, sondern in operativer Funktion.

Die Berufung auf Lenin erscheint nicht als ein Etikett, das einer zunächst aus anderen Erwägungen heraus formulierten Politik mittels anschließend für geeignet erachteter Lenin-Zitate aufgeklebt wird. Statt dessen gehen die entsprechenden Lenin-Äußerungen in die Darstellung der Politik und ihrer Leitlinien ein.

Die Frage: Was hat Lenin in analogen Situationen getan und was würde er unter den heutigen Umständen tun? bildet nicht selten den Ausgangspunkt der Überlegungen. Lenins Geist, nicht sein Dogma, soll übernommen werden. Man kann es auch anders ausdrücken: Seine Art des Herangehens an die Probleme gilt als beispielgebend. In diesem Lenin-Verständnis liegen weithin die Anpassungsfähigkeit und die Dynamik begründet, die Gorbatschows Politik auszeichnen.

Damit verbindet sich die Vorstellung, daß die in der UdSSR eingetretenen Fehlentwicklungen im seitherigen Abweichen vom „wahren Sozialismus“ Lenins begründet lägen. Demzufolge stehe eine Heilung der Gebrechen, welche die sowjetische Gesellschaft plagen, durch die Wiederherstellung Leninscher Verhältnisse zu erwarten. Die „Leninschen Prinzipien der neuen gesellschaftlichen Ordnung“, so erklärte Gorbatschow, seien aus verschiedenen außen- wie innenpolitischen Gründen in der Vergangenheit nicht ausreichend verwirklicht worden. Da müsse Abhilfe geschaffen werden. „Wir streben danach, unter den gegenwärtigen Bedingungen das Leninsche Antlitz der neuen Ordnung wiederherzustellen, es von seinen Verschüttungen und Entstellungen zu reinigen und es von allem zu befreien, was die Gesellschaft in Fesseln gelegt hat und eine volle Entfaltung des Potentials des Sozialismus verhindert hat." In diesem Sinne gab Gorbatschow die Losung aus: „Mehr Sozialismus!" Dabei wies er der angestrebten „Demokratisierung" besondere Wichtigkeit als „entscheidendes Mittel zum Erreichen der Ziele der Umgestaltung" zu.[1]) Eine kommunistische Reformation im Zeichen Lenins ist das offiziell verkündete Programm.

Der Generalsekretär der KPdSU beruft sich darüber hinaus auf Lenin, wenn er die amtliche politische Lehre als „Anleitung zum Handeln" charakterisiert. Es handele sich um „eine Theorie und Methode des dialektischen Denkens, der dialektischen Analyse und der revolutionären Umgestaltung der Wirklichkeit". Zugleich hebt er die „lebensspendende Kraft der revolutionären Theorie" hervor, die „in ihrer Wahrhaftigkeit, in ihrem schöpferischen Wesen, in ihrer Fähigkeit zur Weiterentwicklung unter dem Einfluß der gesellschaftlichen Praxis" liege.[2])

In einer noch nie dagewesenen Weise erklärt Gorbatschow, er suche bei schwierigen politischen Fragen Rat bei Lenin. „Ich lese Lenin und lese ihn immer wieder."[3]) Bezogen auf seine Auseinandersetzungen mit den Kräften, die – wie insbesondere die Bürokraten – „sich von ihren Rechten nicht trennen" wollten, habe er bei Lenin nachgelesen, wie dieser an das Problem herangegangen sei. „Warum sitze ich die ganze Zeit über den Lenin-Bänden? Ich schaue sie durch und suche nach [Handlungs-]Ansätzen ... Darum, weil es nie zu spät ist, sich mit Lenin zu beraten."[4])

Der betonte Rückgriff auf Lenin bedeutet nicht, daß Gorbatschows Politik eine Identität mit dem Begründer des Sowjetstaates beanspruchen würde. Es würde dem sowjetischen Verständnis eines geschichtlich-dialektischen Voranschreitens widersprechen, wenn die Gegebenheiten einer früheren Epoche zurückgeholt werden sollten. In der UdSSR hat sich politischer Wandel stets als „schöpferische Weiterentwicklung" einer ein für alle Male festgelegten richtigen Politik vollzogen. Der heutige Generalsekretär geht über dieses Muster noch hinaus, indem er sein „neues Denken", das er zur Richtschnur zuerst der Außen- und dann auch der Innenpolitik erklärt hat, als „Methodologie", d.h. als Art und Weise der Anwendung einer unverändert bestehenden politischen Lehre, bezeichnet. Man könne, so heißt es, die Politik Lenins nicht mehr nach veralteten Rezepten verwirklichen, sondern müsse die seither veränderten Außenweltbedingungen berücksichtigen.

Dieses Konzept der Umsetzung Leninscher Grundsätze in die politische Praxis läßt die Frage entstehen, wie sich Kontinuität und Wandel zueinander verhalten. Das prinzipiell Wesentliche soll beibehalten werden, während das auf veränderliche Zeitumstände Bezogene dem Wandel unterliegt. In der Praxis wird das aus den Werken Lenins ausgewählt, was in der derzeitigen Situation brauchbar erscheint. Dabei ist interessant, welche Elemente hervorgeholt werden. Verallgemeinernd gesprochen, geht es Gorbatschow und seinen Mitarbeitern nicht um grundsätzliche philosophische Aussagen. Die Weltanschauungslehren des historischen und dialektischen Materialismus spielen für sie kaum noch eine Rolle. Um so mehr richtet sich ihre Aufmerksamkeit auf diejenigen Teile der Lehre, von denen man Hinweise für die Bewältigung praktischer Probleme erhofft. Auch in diesem Bereich gibt es natürlich Bestandteile, die betont werden, während andere Elemente nicht angesprochen werden. Der Generalsekretär und seine Umgebung richten ihr besonderes Augenmerk auf alles, was die Leistungsfähigkeit des sowjetischen Systems und dessen Fähigkeit zur erfolgreichen Auseinandersetzung mit dem Westen bei gleichzeitiger Minimierung des nuklearen Risikos zu verbessern scheint.

Zuweilen läßt sich der behauptete „Leninsche Charakter" der gegenwärtigen Politik nur noch dann erkennen, wenn man sehr viele und tiefgreifende Veränderungen als bloße Anpassungen an veränderte Zeitumstände anzusehen bereit ist. Die „Leninsche Politik der friedlichen Koexistenz" beispielsweise weist mit dem Konzept, das der Begründer des Sowjetstaates entwikkelt hat, nur noch entfernte Ähnlichkeit auf. Lenin hat nicht einmal den Ausdruck „friedliche Koexistenz" verwendet. Statt dessen sprach er, nachdem seine Versuche zu einer Weltrevolution in einem einzigen raschen Anlauf gescheitert waren, von der Notwendigkeit eines „friedlichen Zusammenlebens" mit den westlichen Staaten. Gemeint war damit ein augenblicksbedingtes Taktieren, das innerhalb kurzer Fristen wieder aufgegeben werden sollte, sobald auf andere Weise bessere Fortschritte zur Weltrevolution hin zu erzielen sein würden.

Auch hielt Lenin fast durchgängig an der Vorstellung fest, daß nach einer Zwischenperiode des friedlichen Zusammenlebens mit wechselseitiger Schwächung der westlichen Staaten eine Abschlußphase kommen werde, während der das Sowjetsystem mit revolutionärer Gewalt durchgesetzt werden müsse. Heute dagegen wird die „friedliche Koexistenz" als eine Langzeitstrategie definiert, und kriegerische Formen des Konflikts erscheinen im direkten Ost-West-Verhältnis angesichts des nuklearen Risikos grundsätzlich vermeidenswert.

Ähnlich weit hergeholt ist es, wenn sich Gorbatschow bei der angestrebten „Umgestaltung" der sowjetischen Gesellschaft auf Lenin bezieht. Als der Gründer des Sowjetstaates an die Verwirklichung des Sozialismus in seinem

Lande ging, brauchte er keine Umgestaltung sozialistischer Verhältnisse. Es ging um eine Neugestaltung Rußlands, für die andersartige revolutionäre Vorstellungen maßgeblich waren. Die geforderte „Demokratie" sollte dem Zweck der Niederhaltung und Vernichtung der „Bourgeoisie" dienen. Wenn das erreicht sei, glaubte Lenin, würde der Staat überflüssig werden und daher in einen Prozeß des Absterbens übergehen. Davon ist gegenwärtig auch nicht andeutungsweise die Rede.

Aus westlicher Perspektive ist entscheidend, ob Gorbatschows auf Lenin bezogene Politik die erhofften Veränderungen bringt. In der Vergangenheit gab es zwei zentrale Punkte, die das Spannungsverhältnis der UdSSR zu den westlichen Ländern begründeten: die absolute Parteiherrschaft und die unerschütterliche Antagonismusprämisse. Die sowjetische Führung bestand darauf, daß sie eine unumschränkte politische Kontrolle ausüben müsse und keine persönlichen Eigenrechte dulden könne. Zugleich sah sie ihre eigene Existenz durch ein Verhältnis des Gegensatzes und der Bedrohung zum Westen bestimmt.

Ein offensiver Anspruch wurde geltend gemacht: „Wir würden aufhören, Kommunisten zu sein, wenn wir aufhören würden, den Kapitalismus zu bekämpfen und die Menschheit von ihm zu befreien." Ist der Kreml unter Gorbatschow bereit, auf das Machtmonopol zu verzichten und individuelle Rechte gelten zu lassen? Ist er willens, die eigene politische Ordnung nicht mehr aus dem Gegensatz zum Westen heraus zu definieren, die Legitimität des westlichen Systems auf dessen Territorium zu respektieren und eine umfassende Zusammenarbeit zuzulassen?

Eine derartige Bereitschaft würde einen Verzicht auf die grundsätzlichen Vorstellung des Kampfes zwischen Ost und West in jeder Form und die Bereitschaft zu einer Annäherung der Systeme einschließen. Es käme zu einem friedlichen Wettbewerb beider Seiten in dem Sinne, daß es wechselseitig um überzeugende Leistungen in der Bewältigung eigener wie weltweiter Probleme ginge. Zusammenarbeit würde nicht sektoral zum Erzielen von einseitigen Vorteilen, sondern im Interesse einer ebenso dauerhaften wie umfassenden Kooperationsbeziehung betrieben. Elemente des westlichen Systems würden nach Maßgabe ihrer Brauchbarkeit für die Entwicklung und den Wohlstand der Sowjetunion übernommen werden. Der Westen würde als Partner gesehen und behandelt werden.

Ob und inwieweit eine derartige Tendenz in der Politik Gorbatschows vorhanden ist, muß sich seinen innen- wie außenpolitischen Leitvorstellungen entnehmen lassen, wie sie in einschlägigen amtlichen Stellungnahmen zum Ausdruck kommen. Ausführungen über Ordnungspolitik, Zusammenarbeit, Interdependenz, allgemeinmenschliches Interesse und friedliche Koexistenz versprechen dabei besondere Aufschlüsse.

Die vorhandene oder fehlende Bereitschaft, die bisher vorausgesetzte Gegensätzlichkeit im Verhältnis zum Westen zu überwinden, muß sich auch daran zeigen, ob Gorbatschows „neues Denken" mit den Prinzipien der „sozialistischen Parteilichkeit" bzw. des „proletarischen Klassenstandpunkts" Schluß macht. Unter diesen Begriffen verbirgt sich traditionellerweise die moralisch-politische Norm, daß in jedem Fall als gut zu gelten hat, was der Sowjetunion nützt, und für schlecht zu erachten ist, was der westlichen Seite einen Vorteil bieten könnte. Dementsprechend richteten sich bisher alle Wertungen ohne Rücksicht auf die jeweiligen konkreten Umstände nach den Bedürfnissen des politischen Kampfes gegen den Westen.

So definierte sich etwa im sicherheitspolitischen Bereich der „Aggressor" ausschließlich nach Klassenmerkmalen. Das heißt, der „Aggressor" war unter allen Umständen stets auf westlicher Seite zu suchen, während die Sowjetunion mit ihren Verbündeten immer als Opfer einer „Aggression" zu gelten hatte. Nach diesem Bewertungsschema wurden auch „gerechte" und „ungerechte" Kriege bzw. „Verteidigungskriege" und „Angriffskriege" unterschieden. In gleicher Weise war die Haltung zu Frieden und Pazifismus festgelegt. Was der UdSSR nützte, diente demnach dem Frieden; als förderungswürdig wurden die pazifistischen Strömungen im Westen behandelt, sofern sie sich vom Kreml gegen die USA und die NATO benutzen ließen. Hat sich an dieser kämpferischen Haltung und an diesem moralischen Doppelstandard unter Gorbatschow etwas geändert?

Die aus der Vergangenheit bekannte sowjetische Antagonismusprämisse fand weiterhin Ausdruck in der Darstellung, daß die westlichen Länder nicht allein wegen ihrer militärischen Potentiale eine Bedrohung für die UdSSR und ihren Einflußbereich bildeten. Die amtliche Bedrohungsvorstellung ging dahin, dem Westen alle möglichen subversiven Machenschaften und Einwirkungen zur Last zu legen. Das damit angemeldete Sicherheitsbedürfnis war prinzipiell ohne Grenzen.

Es ergab sich der Eindruck, daß die westlichen Länder einfach darum, weil sie eine andere – und für die Menschen im sowjetischen Herrschaftsbereich potentiell attraktive – politische Ordnung besaßen, als gefährlich angesehen wurden. Daraus ergaben sich, soweit die Machtverhältnisse dies zuließen, praktische Konsequenzen. Wo sich die sowjetische Führung dies erlauben konnte, suchte sie auf die Innenpolitik benachbarter Länder „aus Sicherheitsgründen" Einfluß zu nehmen – etwa mit dem Ziel, eine von den

Gesellschaften dieser Länder ausgehende Einwirkung auf Bevölkerungen im eigenen Herrschaftsgebiet zu unterbinden.

Der Nachdruck, der in Theorie und Praxis auf die „sozialistische Weltperspektive" gelegt wurde, läßt sich aus dem Bedürfnis nach Schwächung und Überwindung einer andersgearteten Außenwelt verstehen. Die sowjetische Führung versicherte zwar, daß sie nur dem „Selbstbestimmungsrecht der Völker" den Weg bereiten wolle und an keinen „Export der Revolution" denke, verband aber mit diesen Aussagen die Vorstellung einer selbstläufig zum Sozialismus sowjetischer Prägung hin tendierenden politischen Entwicklung. Demgemäß hatten alle Maßnahmen Moskaus, die der Unterstützung des angenommenen Trends dienten, nicht als Eingriff in fremde Angelegenheiten, sondern als Förderungsmaßnahmen für das von den Völkern Gewollte zu gelten. Inwieweit hat die neue politische Linie Gorbatschows hinsichtlich dieser Leitvorstellungen einen Wandel geschaffen?

Eine antiwestliche Einstellung war bisher auch in der sowjetischen Sicherheitspolitik zu erkennen. Die UdSSR suchte ihre Sicherheit auf Kosten des westlichen Bündnisses zu gewährleisten, indem sie die Fähigkeit zur militärischen Ausschaltung der NATO im Kriegsfalle beanspruchte. Das Ziel war die „Zerschlagung" bzw. die „Vernichtung" des „imperialistischen Aggressors" auf dessen Territorium. Das setzte u.a. die Fähigkeit zur Invasion und Besetzung Westeuropas sowie das Fehlen einer nuklearen Vergeltungsoption der NATO gegenüber dem sowjetischen Heimatland voraus. Hat die Gorbatschow-Führung dieses Konzept fallengelassen?

Die sowjetischen Originalaussagen, die in der nachfolgenden Dokumentation zusammengefaßt sind, sollen dem Leser anhand repräsentativer Beispiele Auskunft über alle diese Fragen geben. Angesichts dessen, daß sowjetische Stellungnahmen in aller Regel sehr umfangreich ausfallen und Aussagen unterschiedlicher Bedeutsamkeit umfassen, war im Interesse der Konzentration auf das hier Wesentliche eine scharfe Auswahl der Textstellen notwendig. Manchmal wurden nur sehr kurze Absatze übernommen. In Ausnahmefällen umfaßt der Ausschnitt nicht mehr als einen einzigen Satz. Dies erscheint dann vertretbar, wenn der ausgewählte Kurztext nicht nur den Sinn wiedergibt, um den es geht, sondern auch in dieser knappen Form das Leitmotiv der einschlägigen amtlichen Aussagen bildet.

Die Auswahl ist bewußt darauf abgestellt, den amtlichen sowjetischen Standpunkt zu verdeutlichen. Diskussionen, zu denen es in einzelnen Fragen gekommen ist, werden daher nicht berücksichtigt. Die offiziellen Positionen sollen, soweit sie als solche klar erkennbar sind, nicht mit unverbindlich geäußerten Auffassungen vermischt werden. Die amtliche Authentizität der wiedergegebenen Argumentationen wird in der Dokumentensammlung dadurch gewährleistet, daß vornehmlich der Generalsekretär, seine persönlichen Mitarbeiter, von ihm in Führungspositionen berufene Funktionsträger, andere Vertreter der jetzigen Führungsmannschaft und Gorbatschow nahestehende Personen zu Wort kommen.

Ein anderes Kriterium für Offizialität ist das Presseorgan, in dem eine Stellungnahme erscheint. Publikationen wie die theoretischen Zeitschriften des Parteiapparates „Kommunist" und „Kommunist vooružennych sil" (Kommunist der Streitkräfte) oder die vom Außenminister herausgegebene Publikation „Meždunarodnaja žizn'" (Internationales Leben) gewährleisten den amtlichen Charakter dessen, was dort erscheint. Die offizielle Verbindlichkeit des Erklärten ist besonders nachdrücklich, wenn es sich um einen ungezeichneten Leitartikel handelt.

Sowjetische Aussagen über politische Sachverhalte können vielfach nur so weit als völlig zuverlässig gelten, wie sie sich an Kader und Gefolgsleute im eigenen Lager richten. Wenn sich Politiker und Kommentatoren an ein ausschließlich westliches Publikum wenden, können sie oft nicht der Versuchung widerstehen, diesen Zielgruppen nach dem Mund zu reden, um ein möglichst positives Bild von der UdSSR und ihrer Politik hervorzurufen. Wie die Erfahrung gezeigt hat, weichen sie dabei mit ihren Aussagen nicht selten ganz wesentlich von den sonst verkündeten Standpunkten ab. Derartige Abänderungen erscheinen unschädlich, solange die Botschaft nicht von der eigenen Anhängerschaft empfangen wird. Sobald jedoch Kader und Anhänger mit zu den erreichten Adressaten gehören, ändert sich die Sachlage: Ein der amtlichen Linie nicht entsprechender Zungenschlag würde zur Folge haben, daß es im eigenen Lager zu einer Fehlorientierung kommt, vielleicht sogar, daß der Sinn ergangener Direktiven falsch verstanden werden würde.

Das aber kann sich die sowjetische Führung nicht leisten. Daher achten die Funktionsträger der UdSSR und ihre publizistischen Beauftragten peinlich auf amtliche Korrektheit, wenn sie sich an die eigenen Leute wenden. Ihre entsprechenden Aussagen geben daher den offiziellen Standpunkt zuverlässig wieder. Umgekehrt sind Stellungnahmen, die sich nicht an die Kader und Gefolgsleute richten (wie dies insbesondere für fremdsprachliches Material gilt), weithin unzuverlässig.

Auch Inlandsstellungnahmen können freilich bei westlichen Ausländern zuweilen einen irrigen Eindruck hervorrufen. Der Grund liegt dann in dem Umstand, daß die Besonderheiten der sowjetischen Sprachform im Westen vielfach zu wenig bekannt sind. Manche Begriffe scheinen etwas anderes zu bedeuten, als tatsächlich gemeint ist. Wenn beispielsweise von „Imperialismus" die Rede ist, geht es nicht um das Phänomen einer Politik, die auf die

Vergewaltigung kleinerer Staaten abzielt. Es handelt sich vielmehr um ein Synonym für „Kapitalismus" bzw. „NATO-Mächte".

Das Reden vom „sozialen Fortschritt" bedeutet stets, daß die Ausbreitung der sowjetischen Ordnung und des sowjetischen Einflusses auf andere Staaten das Thema ist. Andere Begriffe drücken eine Zuordnung aus, die der westliche Beobachter nicht erkennt. So ist, wenn von der „Politik der Stärke" die Rede ist, immer die westliche Sicherheitspolitik gemeint. Ebenso bezieht sich der Ausdruck „Konterrevolution" unfehlbar auf das Vorgehen westlicher Staaten. „Revolutionäres" Handeln dagegen liegt immer dann vor, wenn die UdSSR oder von ihr unterstützte Kräfte tätig werden.

Wer die politischen Aussagen der UdSSR richtig verstehen will, bedarf, streng genommen, zur Übersetzung in eine westliche Sprache der Kenntnisse nicht nur des Russischen, sondern auch der Sowjetterminologie. Die intensive Lektüre vieler sowjetischer Stellungnahmen erlaubt es freilich, aus dem Vergleich und dem Zusammenhang des Ganzen heraus Rückschlüsse zu ziehen.

Für den Praktiker gilt die Regel, daß eine einzelne Aussage für den, der mit den sowjetischen Quellen wenig vertraut ist, meist nur wenig Aufschluß bietet. Die verwendeten Begriffe klingen banal oder führen sogar in die Irre. Wenn sich aber der westliche Leser einer Vielzahl von Stellungnahmen über verschiedenartige Themen zuwendet, die Schlüsselaussagen enthalten und wechselseitig aufeinander bezogen sind, dann wird das Gemeinte deutlich. Diesen Eindruck zu vermitteln, ist das mit der hier vorgelegten Dokumentensammlung verknüpfte Anliegen.

Köln, im Mai 1988 Gerhard Wettig

Anmerkungen

[1]) Rede Gorbatschows auf dem Plenum des ZK der KPdSU vom 18. 2. 1988, in: Pravda, 19. 2. 1988.

[2]) Rede Gorbatschows zum 113. Geburtstag Lenins am 22. 4. 1987, in: Pravda, 23. 4. 1987. Die Äußerung folgt der von Lenin vertretenen Auffassung, wie sie von seiner Ehefrau und Kampfgefährtin der Nachwelt überliefert worden ist: N. K. Krupskaja, Das ist Lenin. Eine Sammlung ausgewählter Reden und Artikel, Berlin(Ost): Dietz Verlag 1966, S. 197f.

[3]) Vremja trebuet nogovo myšlenija [Wiedergabe der Äußerungen Gorbatschows auf dem Issyk-Kulsker Forum am 20. 10. 1986], in: Kommunist, 16/1986, S. 12.

[4]) Spontan formulierte interne Ausführungen vor sowjetischen Schriftstellern am 19. 6. 1986, die aus zwei voneinander unabhängigen Quellen im Westen bekannt geworden sind und in italienischer Übersetzung veröffentlicht wurden (L'Unità, 7. 10. 1986). Der hier gebrachten Formulierung liegt der russische Originaltext zugrunde.

I. Gorbatschows Neuansatz in der Innenpolitik

DOKUMENT 1

Der Anstoß zu Gorbatschows Politik der Umgestaltung

Rede von Generalsekretär Gorbatschow zum 70. Jubiläum der Oktoberrevolution am 2. November 1987, in: Pravda, 3. 11. 1987.

In der Wirtschaft [der UdSSR] verstärkten sich negative Prozesse, die im Grunde genommen eine Vorkrisensituation herbeiführten. In der sozialen und geistig-moralischen Sphäre traten zahlreiche anomale Erscheinungen zutage, die die Prinzipien der sozialistischen Gerechtigkeit entstellten und deformierten, den Glauben des Volkes an diese untergruben, soziale Entfremdung und Unmoral in verschiedenen Formen hervorbrachten. Das wachsende Mißverhältnis zwischen den hohen Prinzipien des Sozialismus und der Realität des Lebensalltags wurde untragbar . . .

Eine Antwort auf dieses akuteste gesellschaftliche Bedürfnis waren denn auch die vom Plenum des Zentralkomitees vom April 1985 verkündete Konzeption und Strategie der Beschleunigung der sozialen und ökonomischen Entwicklung des Landes und der Kurs auf die Erneuerung des Sozialismus.

DOKUMENT 2

Innen- und außenpolitische Leitvorstellungen bei der Umgestaltungspolitik

Rede von Generalsekretär Gorbatschow zum 70. Jubiläum der Oktoberrevolution am 2. November 1987, in: Pravda, 3. 11. 1987.

Ziel der Umgestaltung ist es, theoretisch und praktisch die Leninsche Konzeption des Sozialismus vollständig wiederherzustellen, jene Konzeption, die dem schaffenden Menschen mit seinen Idealen und Interessen, den humanistischen Werten in der Wirtschaft, den sozialen und politischen Verhältnissen und der Kultur den unbestreitbaren Vorrang gibt. Unsere Hoffnung auf die revolutionäre Läuterung und Wiedergeburt besteht darin, die gewaltigen sozialen Ressourcen des Sozialismus durch Aktivierung der Persönlichkeit, des Faktors Mensch zu erschließen. Als Ergebnis der Umgestaltung kann und muß der Sozialismus seine Potenzen als Gesellschaftsordnung des realen Humanismus, die dem Menschen dient und ihn erhöht, in vollem Maße realisieren . . .

Es gibt einen weiteren außerordentlich wichtigen, ja entscheidenden Umstand. Ein Bestandteil dieser Welt ist der Sozialismus. Er begann seine Geschichte vor 70 Jahren, entwickelte sich dann zu einem Weltsystem und prägte das Antlitz des 20. Jahrhunderts. Gegenwärtig tritt er in eine neue Etappe seiner Entwicklung ein und demonstriert wieder die ihm innewohnenden Potenzen . . .

Das wird die materielle Basis des allumfassenden Systems des Friedens und der internationalen Sicherheit entscheidend erweitern und festigen. Das ist übrigens ein weiterer überaus wichtiger Aspekt der Umgestaltung, der Platz, der ihr in den Geschicken der modernen Zivilisation zukommt. Einen friedensdienlichen Einfluß auf die objektiven Prozesse in der Welt werden der Klassenkampf und andere Erscheinungsformen der sozialen Gegensätze ausüben.

DOKUMENT 3

Gorbatschow über die Aufgaben der Umgestaltung

Rede von Generalsekretär Gorbatschow auf einem Treffen im Zentralkomitee am 12. Januar 1988, in: Pravda 13. 1. 1988.

Es wird der Schlag gegen die Methoden des administrativen Kommandierens und deren konkrete Träger wie Interessen geführt. Gegen diejenigen, die auf keine Weise die Zeit begreifen können, nicht begreifen, daß wir nicht anders weiterkommen können, als durch eine Demokratisierung unseres Lebens . . .

Welche Aufgaben bleiben heute als die schwierigsten übrig, wo liegen die Klippen der Umgestaltung? Ich würde so sagen: Es wäre unrealistisch zu meinen, daß wir bereits den Mechanismus der Blockierung zerbrochen hätten und vollständig auf das Gleis einer breiten sozialistischen Demokratie, auf das Gleis eines neuen Wirtschaftsmechanismus' angelangt wären. Wir fangen mit der Umgestaltung erst an; unsere Gesellschaft tritt gerade erst aus dem Zustand der Stagnation heraus. Den Mechanismus der Blokkierungen zu zerbrechen, der den Prozeß der Umgestaltung aufhält – diese Aufgabe bleibt auch jetzt noch die Hauptaufgabe . . .

Insgesamt haben wir auf dem Januar-Plenum des ZK (von 1987) die richtige Richtung eingeschlagen, die Richtung auf die Entwicklung der sozialistischen Demokratie. Durch die Demokratisierung, durch die Einbeziehung des Volkes in alle Prozesse der Gesellschaft kann man die Umgestaltung verwirklichen und ihr einen irreversiblen Charakter verleihen. Ich würde hier hinzufügen, daß Demokratisierung und Publizität (Glasnost') nicht nur Mittel der Umgestaltung sind. Sie sind die Verwirklichung des Wesens unserer sozialistischen Ordnung . . . Sie sind das, was diese von der bourgeoisen Demokratie unterscheidet, die mit ihren Spitzfindigkeiten nur den äußeren Anschein von Freiheit und Offenheit erweckt, in Wirklichkeit aber das Volk von der realen politischen Macht entfernt und ihm, wie Lenin gesagt hat, allein die Möglichkeit läßt, in den Zeiten des Wahlkampfes darüber zu entscheiden, wer es in der nächsten Wahlperiode reinlegen wird.

Wir wollen das Volk durch die sozialistische Demokratie in alle Leitungsprozesse einbeziehen. Und wenn man uns zum bourgeoisen Liberalismus drängt und uns seine „Werte" unterschieben will, dann ist dies eine Rückwärtsbewegung und ein Rückschritt.

Wir haben unsere Wahl getroffen und werden auf dem Weg weitergehen, den wir 1917 begonnen haben. Wir machen uns daran, alles auszuloten, was in unserer Ordnung, in der sozialistischen Demokratie, beschlossen liegt. Das ist eben der Leninsche Gedanke: Das Proletariat bereitet sich durch Demokratie auf den Sozialismus vor und kann die Gesellschaft nach der Revolution nur durch sich ausweitende Demokratie lenken . . .

Das Zentralkomitee wird fest auf den leninistischen Positionen stehen, alles zur Nutzung des Potentials der sozialistischen Demokratie tun, und den Prozeß der Umgestaltung auf der Grundlage der sozialistischen Werte vertiefen.

Niemand bei uns steht außerhalb der Kontrolle. Wie könnten wir, die wir uns gerade in der Partei der Leute und „Gebiete“ entledigt haben, die sich über Jahre hindurch außerhalb der Kontrolle und der Kritik befanden, jetzt erneut dazu zurückkehren? Das betrifft auch die Mittel der Masseninformation. Die sowjetische Presse ist kein Privatladen. Wir müssen uns noch einmal an Lenin erinnern: Die Literatur ist ein Bestandteil der allgemeinen Sache der Partei. Dies ist eine prinzipielle Feststellung, und wir werden uns durch sie auch jetzt leiten lassen. Von den Leninschen Ideen werden wir nicht abgehen . . .

Wir sind für Publizität (glasnost') ohne alle Einwände und Beschränkungen. Aber wir sind für Publizität im Interesse des Sozialismus. Und auf die Frage, ob es bei der Publizität, Kritik und Demokratiegrenzen gebe, antworten wir fest: Wenn die Publizität, die Kritik und die Demokratie im Interesse des Sozialismus' und des Volkes gehandhabt werden, dann sind sie ohne Grenze. Das sind die Kriterien. Auf diesem Weg brauchen wir keine fremden [westlichen] Maßstäbe. Weder in der Sphäre der Politik noch in der geistigen Sphäre noch auch in der Sphäre der Wirtschaft . . .

Jetzt kann die Partei unter den neuen Bedingungen der Wirtschaftsreform und der Demokratisierung tatsächlich die Funktion einer politischen Avantgarde wahrnehmen. Die Fragen der Theorie, der ideologischen [Richtigkeits-]Gewähr, der Kader- und Nationalitätenpolitik sowie der internationalen Beziehungen bilden ein gewaltiges Feld für die Tätigkeit der Partei.

DOKUMENT 4

Konflikte im Verlauf der Umgestaltung

Rede von Generalsekretär Gorbatschow vor Vertretern der Massenmedien und Kulturschaffenden der UdSSR, in: Neues Deutschland, 16. 7. 1987.

Sie erinnern sich an den Leninschen Gedanken, daß man imstande sein muß, den Standpunkt seines Opponenten, sogar Klassengegners zu analysieren. Denn niemand stellt die Fragen so gründlich und scharf, niemand spürt die Schwächen in deiner Position so hartnäckig auf wie dein Gegner.

Aber bei uns ist das kein Klassenkampf, kein antagonistischer Kampf, es ist ein Suchen, es sind Diskussionen: Wie wir die Umgestaltung in breiter Front in Angriff nehmen, wie wir den Schritt beschleunigen, ihn fester und unsere Bewegung unumkehrbar machen. Deshalb sehe ich keinerlei Drama in Polemik, in der Gegenüberstellung von Standpunkten. Das ist normal.

DOKUMENT 5

Umgestaltung nach dem Vorbild Lenins

E. Komarov, Nauka upravlijat'. K 65-letiju pisem V. I. Lenina o perestrojke (Die Regierungswissenschaft. Zum 65. Jahrestag der Briefe W. I. Lenins über die Umgestaltung), in: Pravda, 3. 3. 1987.

Die Umgestaltung des Apparats war nach Lenins Auffassung kein endloses „Überdenken" neuer Formen und Methoden der Arbeit, sondern deren praktische Anwendung und Überprüfung mittels praktischer Ergebnisse . . .

Die Umgestaltung der Arbeit der Verwaltungsorgane und der Führer verband Lenin unmittelbar mit der Erzielung „fühlbarer Resultate". „Die Periode der Propaganda mittels Dekreten ist vorbei. Die Massen werden nur eine pragmatische praktische Arbeit und den praktischen Erfolg in der wirtschaftlichen und kulturellen Arbeit verstehen und schätzen."

In Weiterverfolgung der Leninschen Tradition hat das Januar-Plenum des ZK der KPdSU (von 1987) die Fragen der Umgestaltung eng mit der Verwirklichung einer prinzipiellen Kaderpolitik verbunden. Das entscheidende Kriterium der Beurteilung der Kader und ihrer politischen wie staatsbürgerlichen Aktivität sind die realen Tatbestände bei der Ausführung der Aufgaben der sozial-wirtschaftlichen Beschleunigung [d. h. Leistungssteigerung].

Die Briefe W. I. Lenins über die Umgestaltung stehen im Einklang mit der heutigen Praxis, mit den Maßnahmen zur Verbesserung des Stils und der Arbeitsmethoden des Verwaltungsapparats. Sie lehren uns die Zeitgemäßheit von Veränderungen, Flexibilität und die Abwendung von allem, was veraltet, verknöchert ist und einer Wende im Weg steht. Sie lehren uns die wirtschaftliche Situationsanalyse, die Auswahl der Hauptaufgaben und die Kriterien der Tätigkeitsbewertung. Sie sind ein integraler Bestandteil der Regierungswissenschaft an der schwierigsten und kompliziertesten aller „Fronten": der wirtschaftlichen.

DOKUMENT 6

Lenin über die Weiterentwicklung des sozialistischen Systems

Die nächsten Aufgaben der Sowjetmacht (1918), in: W. I. Lenin, Werke, Band 27, Berlin (Ost): Dietz Verlag 1960, S. 262f.

Wir haben die erste Aufgabe der Revolution erfolgreich gelöst, wir haben gesehen, wie sich die werktätigen Massen die Grundbedingung ihres Erfolgs erarbeiteten: die Vereinigung der Anstrengungen zum Sturz der Ausbeuter . . .

Wir haben die zweite Aufgabe der Revolution erfolgreich gelöst, die darin bestand, gerade diejenigen „unteren" Gesellschaftsschichten zu wecken und emporzuheben, die von den Ausbeutern hinabgestoßen wurden und die erst nach dem 25. Oktober 1917 die volle Freiheit erlangten, die Ausbeuter zu stürzen und zu beginnen, sich umzuschauen und sich auf eigene Art einzurichten . . .

Es beginnt die dritte Etappe. Was wir selbst erobert, was wir selbst dekretiert, zum Gesetz gemacht, beraten und festgesetzt haben, müssen wir in dauerhaften Formen der täglichen Arbeitsdisziplin verankern. Das ist die schwerste, aber auch die dankbarste Aufgabe, denn nur, wenn wir sie lösen, werden wir sozialistische Verhältnisse erhalten. Wir müssen es lernen, den stürmischen, wie Hochwasser im Frühjahr über alle Ufer brandenden Versammlungsdemokratismus der werktätigen Massen zu verbinden mit eiserner Disziplin bei der Arbeit, mit der unbedingten Unterordnung unter den Willen einer Einzelperson, des sowjetischen Leiters, während der Arbeit. Das haben wir noch nicht gelernt. Das werden wir lernen . . .

Der sozialistische Charakter des sowjetischen Demokratismus, das heißt, des proletarischen Demokratismus' in seiner konkreten, gegebenen Anwendung, besteht erstens darin, daß die werktätigen und ausgebeuteten Massen die Wähler sind, während die Bourgeoisie ausgeschaltet ist; zweitens darin, daß alle bürokratischen Formalitäten und Beschränkungen der Wahlen wegfallen und die Massen die Ordnung und die Termine der Wahlen selbst bestimmen, bei voller Freiheit der Abberufung der Gewählten; drittens darin, daß die beste Massenorganisation der Vorhut der Werktätigen, des großindustriellen Proletariats, geschaffen wird, die es ihm möglich macht, die breitesten Massen der Ausgebeuteten zu leiten, sie zum selbständigen politischen Leben zu bringen, sie an ihrer eigenen Erfahrung politisch zu erziehen; daß auf diese Weise zum ersten Mal darangegangen wird, daß tatsächlich ausnahmslos die ganze Bevölkerung verwalten lerne und zu verwalten anfange.

Das sind die hauptsächlichsten Unterscheidungsmerkmale des jetzt in Rußland angewandten Demokratismus', der ein höherer Typus des Demokratismus, der Bruch mit seiner bürgerlichen Entstellung, der Übergang zum sozialistischen Demokratismus' und zu Bedingungen ist, die es ermöglichen, daß der Staat abzusterben beginnt.

II. Ordnungspolitische Leitvorstellungen

DOKUMENT 7
Die sozialistische Ausrichtung der Umgestaltung

DOKUMENT 8
Die Überlegenheit des Sozialismus in der Systemkonkurrenz

DOKUMENT 9
Die Schwierigkeiten der UdSSR – kein Argument gegen die Überlegenheit des sozialistischen Systems

DOKUMENT 10
Gorbatschows Verständnis von Umgestaltung und Demokratisierung

DOKUMENT 11
Streben nach sozialistischem Fortschritt im Geiste der Glasnost'

DOKUMENT 12
Die bei der Umgestaltung zu ziehende Grenze

DOKUMENT 13
Glasnost' für Bürgerrechtler und Dissidenten?

DOKUMENT 14
Die führende Rolle der kommunistischen Partei bei der Umgestaltung

DOKUMENT 15
Die sozialistische Demokratie in der Sicht Lenins

DOKUMENT 16
Lenins Erläuterung der sozialistischen Demokratie

DOKUMENT 17
Lenin über Demokratie im Sozialismus und Absterben des Staates

DOKUMENT 18
Lenin: Die sozialistische Demokratie als Übergangsphase auf dem Weg zur klassen- und staatslosen Gesellschaft

DOKUMENT 7

Die sozialistische Ausrichtung der Umgestaltung

Dialektika novogo myšlenija (Die Dialektik des neuen Denkens), in: Kommunist, 18/1987, S, 4, 5, 6f.

Die Umgestaltung ist ein gesetzmäßiges Zwischenglied dieser selbst für gesamtgeschichtliche Maßstäbe sehr langen Übergangsperiode vom Kapitalismus zum Sozialismus. Sie bezeichnet den Anfang einer neuen Etappe des sich entwickelnden Sozialismus, den Anfang des Übergangs des Sozialismus zu einem qualitativ neuen Zustand, [nämlich] von der extensiven zur intensiven Entwicklung. Die Umgestaltung ist der in seiner Notwendigkeit erkannte und bewußt gesteuerte Prozeß des Entstehens einer neuen Qualität unserer Gesellschaft. Das ist eine notwendige gesellschaftliche Form des sich entwickelnden Sozialismus, die dazu berufen ist, ihm einen beschleunigten Fortschritt zu gewährleisten . . .

Die Antworten auf die Fragen, die vom Leben gestellt werden, suchen wir im Rahmen des real wirkenden Systems des Sozialismus. Wir messen alle seine Erfolge und Fehler mit sozialistischen Maßstäben. „Wer hofft, daß wir uns vom sozialistischen Weg abwenden, wird eine herbe Enttäuschung erleben", heißt es in dem Buch. „Unser gesamtes Programm der Umgestaltung beruht insgesamt und in seinen einelnen Komponenten völlig auf dem Prinzip: Mehr Sozialismus, mehr Demokratie." [Dies wird zitiert nach M. S. Gorbačev, Perestrojka i novve myšlenie dlja našej strany i vsego mira, Moskau: Izd. pol. lit. 1987, S. 32.] . . .

Im Verlauf der Umgestaltung konsolidiert sich das neue Verständnis des demokratischen Zentralismus. Der Autor [Gorbatschow] hebt die Wichtigkeit hervor, daß die richtige Wechselbeziehung seiner beiden Seiten betrachtet wird. Dabei berücksichtigt er, daß in verschiedenen Etappen die Akzente in die jeweils notwendige Richtung verschoben werden müssen. Das betrifft auch die komplizierten Probleme der Reform des Wirtschaftsmechanismus. Im Verlauf dieser Reform kommt ein neues Verständnis des Zentralismus zustande, das nichts mit der bürokratischen Reglementierung des vielfältigen Wirtschaftslebens zu tun hat. Es geht darum, die Planung zu demokratisieren, genauer gesagt, die Funktionen des Zentrums und der Außenstellen auf zweckmäßigere Weise voneinander abzugrenzen und das Wesen der Tätigkeit der Branchenverwaltungsorgane zu verändern. Die Demokratisierung entfaltet sich auf allen Ebenen und in allen Zellen der Gesellschaft; sie berührt jeden Menschen. Die Umgestaltung bedarf eines höheren Organisationsgrads der Gesellschaft, der bewußten Disziplin der

Staatsbürger und ihrer Fähigkeit, ihre Rechte in vollem Maße wahrzunehmen. Sie bedarf dementsprechend auch der Aktivierung der Menschen und der stärkeren sowie vielfältigeren Verknüpfung des persönlichen Interesses mit dem Sozialismus.

DOKUMENT 8

Die Überlegenheit des Sozialismus in der Systemkonkurrenz

Rede von Generalsekretär Gorbatschow bei einem Essen zu Ehren von Premierministerin Thatcher am 31. März 1987, in: Pravda, 1. 4. 1987.

Die sozialistische Gesellschaftsordnung hat mehrfach und in vieler Hinsicht ihre Vorteile gegenüber dem Kapitalismus vor Augen geführt. Bei weitem nicht alle ihre Möglichkeiten sind ermittelt und ausgeschöpft. Die volle Entfaltung des Potentials des Sozialismus, die allseitige Vervollkommnung der sowjetischen Gesellschaftsordnung und deren neue Qualität, ein neues Niveau des materiellen Wohlstandes und der geistigen Kultur des Volkes – das ist es, was uns die Umgestaltung bringen wird.

DOKUMENT 9

Die Schwierigkeiten der UdSSR – kein Argument gegen die Überlegenheit des sozialistischen Systems

Antworten von Generalsekretär Gorbatschow auf Fragen der kommunistischen Parteizeitung Italiens, „L'Unità", in: Beilage zu „Sowjetunion heute", 6/1987, S. V.

Die Wurzeln der Schwierigkeiten, mit denen wir in den letzten Jahren konfrontiert wurden, liegen nicht in der Natur der sozialistischen Ordnung, sondern in der unzureichenden Nutzung ihrer Möglichkeiten, nicht in der sozialistischen Demokratie als solcher, sondern in den Unzulänglichkeiten ihres Funktionierens. Die Ursachen dafür, daß der Sozialismus bei uns nicht alle seine Möglichkeiten zeigen, nicht den ganzen Reichtum seines Inhalts offenbaren konnte, liegen nicht nur auf subjektivem Gebiet, sondern auch in jener historischen Situation, in der wir uns befanden.

DOKUMENT 10

Gorbatschows Verständnis von Umgestaltung und Demokratisierung

Rede von Generalsekretär Gorbatschow auf der Vollversammlung des Zentralkomitees der KPdSU vom 27. Januar 1987, in: Pravda, 28. 1. 1987.

Unter der Umgestaltung verstehen wir die entschlossene Überwindung stagnierender Prozesse, das Beseitigen all dessen, was bremst, sowie die Schaffung eines zuverlässigen und wirksamen Mechanismus zur Beschleunigung der sozialökonomischen Entwicklung der sowjetischen Gesellschaft. Der Hauptgedanke unserer Strategie ist, die Errungenschaften der wissenschaftlich-technischen Revolution mit der Planwirtschaft zu verbinden und das gesamte Potential des Sozialismus zu mobilisieren. Die Umgestaltung – das ist das Sich-Stützen auf das lebendige Schöpfertum der Massen, das ist die allseitige Entwicklung der Demokratie und der sozialistischen Selbstverwaltung und die Förderung von Initiativen, von Selbständigkeit, die Stärkung der Disziplin und Ordnung, die Erweiterung der Publizität (Glasnost'), Kritik und Selbstkritik in allen Bereichen des gesellschaftlichen Lebens; das ist ein Höchstmaß an Achtung der Werte und Würde der Persönlichkeit. Die Umgestaltung – das ist die ständige Erhöhung der Rolle der intensiven Faktoren bei der Entwicklung der Leninschen Prinzipien des demokratischen Zentralismus bei der Leitung der Volkswirtschaft . . .

Genossen! Heute verstehen wir die ganze Tragweite des Leninschen Gedankens vom lebendigen inneren Zusammenhang zwischen Sozialismus und Demokratie besser als je zuvor, die gesamten historischen Erfahrungen unseres Landes haben überzeugend bewiesen, daß die sozialistische Gesellschaftsordnung die politischen und sozialökonomischen Rechte der Bürger und ihre persönliche Freiheit tatsächlich garantiert, die Überlegenheit der sowjetischen Demokratie offenbart und jedem Menschen den Glauben an die Zukunft gegeben hat . . .

Nur bei konsequenter Entwicklung der demokratischen Formen, die dem Sozialismus eigen sind, und bei Erweiterung der Selbstverwaltung sind bei uns Fortschritte in der Produktion, in der Wissenschaft und Technik, in der Literatur, der Kultur und Kunst, in allen Sphären des gesellschaftlichen Lebens möglich. Nur ein solcher Weg gewährleistet eine bewußte Disziplin. Nur durch Demokratie und dank der Demokratie ist die Umgestaltung selbst möglich. Nur so erhalten die gewaltige schöpferische Kraft des Sozialismus, die freie Arbeit und ein freier Geist in einem freien Land Raum. Daher ist die weitere Demokratisierung der sowjetischen Gesellschaft eine unaufschiebbare Aufgabe. Darin gerade besteht das Wesen des Kurses des April-Plenums [von 1985] und des XXVII. Parteitages der KPdSU auf die Vertiefung der sozialistischen Selbstverwaltung des Volkes. Es geht selbstverständlich nicht um einen Umbruch in unserem politischen System. Wir müssen vielmehr mit maximaler Effizienz alle seine Möglichkeiten nutzen.

DOKUMENT 11

Streben nach sozialistischem Fortschritt im Geiste der Glasnost'

Rede von Generalsekretär Gorbatschow auf einem Treffen der Vertreter der Massenmedien und der Kulturschaffenden der UdSSR, in: Neues Deutschland, 16. 7. 1987.

Man muß jetzt alles ins Leben umsetzen. Und das bedeutet, daß Millionen und Abermillionen Menschen an einer so riesigen Sache [d.h. an der Umgestaltung in der UdSSR] mitwirken werden. Das ist eine wahrhafte Revolution – beispielsweise in den Köpfen, im Denken, im Herangehen. Lenin hat bekanntlich gewarnt, daß man mit der Revolution keine Späße treiben, nicht mit ihr spielen darf. Da wir sie also in Angriff genommen haben, müssen wir die Sache ernsthaft betreiben, mit großem Verantwortungsgefühl und im Bewußtsein dessen, daß Verzögerungen bei der Realisierung bereits entschiedener Fragen – durch unser Programm der Umgestaltung festgelegter, ausgearbeiteter Fragen – das Todesurteil bedeuten.

Deshalb beginnt, so meine ich, die Etappe konstruktiver Arbeit. Einige Genossen werden wahrscheinlich schon sagen, das bedeute: genug der Kritik. Nein, ich finde, das ist falsch. Ich bin überzeugt, daß es ohne

Beibehaltung der Atmosphäre der Publizität (glasnost'), der Transparenz, der Kritik, ohne breite, verantwortungsbewußte Diskussionen, die durchdrungen sind von der Sorge um die Belange des Volkes, um das Schicksal von Staat und Gesellschaft, keine konstruktive Arbeit, keine konstruktive Etappe geben wird.

Deshalb besteht das Wichtigste für uns jetzt darin, zu handeln und nochmals zu handeln, energisch und zielstrebig; Reserven aufzuspüren, Fehler und Mängel zu kritisieren und gleichzeitig das Neue, Konstruktive zu unterstützen; Aktivität und Initiative zu entfalten, Demokratie und Offenheit zu vertiefen, also das, was die Atmosphäre der Umgestaltung stärkt und zur Beschleunigung unserer sozialökonomischen Entwicklung beiträgt; nach neuen Formen der Arbeit zu suchen, die eine immer umfassendere Beteiligung des Volkes, der Millionen von Werktätigen bewirken können. Darin liegt das soziale und politische Wesen der gegenwärtigen Etappe der Umgestaltung.

DOKUMENT 12

Die bei der Umgestaltung zu ziehende Grenze

Rede von Generalsekretär Gorbatschow auf einem Treffen mit Vertretern der Massenmedien und Kulturschaffenden der UdSSR, in: Neues Deutschland, 16. 7. 1987.

Es gab [bei der Diskussion um Umgestaltung und Reform] auch Vorschläge, die über die Grenzen unseres Systems hinausgingen, unter anderem solche, auf das Instrument der Planwirtschaft zu verzichten. Darauf ließen und lassen wir uns niemals ein, weil wir den Sozialismus festigen und nicht durch eine andere Gesellschaftsordnung ersetzen wollen. Das ist völlig klar und bedeutet, daß auch vieles, was uns aus der anderen Wirtschaft vorgeschlagen und angeboten wurde, für uns unannehmbar ist. Mehr noch, wir sind davon überzeugt, daß der Sozialismus, werden seine Grundprinzipien zur Wirkung gebracht, über alles verfügt, um die Interessen des Menschen wirklich erfassen und die Vorzüge unserer Planwirtschaft nutzen zu können.

DOKUMENT 13

Glasnost' für Bürgerrechtler und Dissidenten?

Vladimir Petrov, „Pamjat'" i drugie ([Die Gesellschaft] „Pamjat'" und andere), in: Pravda, 1. 2. 1988.

Seit einiger Zeit liebäugelt man im Westen irgendwie mit dem maschinegeschriebenen Bulletin „Glasnost'" [Name einer Bürgerrechtler-Publikation]. Als dessen Vater bezeichnet sich S. Grigorjanz, der übrigens wegen eines kriminellen Delikts und antisowjetischer Tätigkeit vorbestraft ist. Blättern wir einige Hefte durch. Es sind dies mit der westlichen Presse erstaunlich vertraute Publikationen über das Thema „Menschenrechtsverletzungen" und der „politischen Gefangenen" in der UdSSR. So, als wenn es sich um Nachdrucke handeln würde. Ehrlich gesagt, man fühlt sich irgendwie unwohl, wenn man darüber das Wort „Glasnost'" geschrieben sieht . . .

Auf wessen Mühle gießt das Bulletin sein Wasser? Eine genaue Antwort darauf gab ein westlicher Kommentator, als er es eine Beilage der – weißen Emigrantenzeitung „Russkaja mysl'" nannte. Überdies trifft von einem der antisowjetischen Zentren in Frankfurt/M. [gemeint ist die Internationale Gesellschaft für menschenrechte] ein Brief ein: „Sehr geehrter . . . (Namensnennung), wenn Sie Hilfe brauchen, werden wir Sie sofort unterstützen. Wenn Probleme auftreten, schreiben Sie, rufen Sie an. Wir würden uns freuen, in Moskau unsere Zweigstelle eröffnen zu können."

Seit kurzem entdecken die Bewohner Moskaus auf Laternenpfählen, in dunklen Gassen und in Postsäcken eine Reihe von Blättern, die alle diejenigen, „die demokratische Reformen unterstützen", zu Demonstrationen aufrufen. Die Unterschrift: Seminar „Demokratie und Humanismus". Was will das Seminar? Es ist nicht von der Verfassung von der UdSSR erbaut und fordert deren Revision. Es verlangt die Abschaffung des Verfassungsartikels und der entsprechenden Artikel der Strafgesetzgebung, wonach der Sowjetmensch zur Arbeit verpflichtet ist. Und noch etwas: eine völlige Entideologisierung der UdSSR. Und was befürwortet man? Der Weg, so heißt es, den das sowjetische Volk in den letzten 70 Jahren [seit der kommunistischen Machtübernahme] zurückgelegt habe, sei falsch, und man müsse einen Ausweg aus der Sackgasse suchen . . .

Nichts ist heilig von dem, was dem Volk heilig ist. Man wiederholt zwar gerne die Worte „Vaterland", „Volk", „Umgestaltung" . . . man kämpft angeblich für die Glasnost', für das Volk, fürchtet aber mehr als alles andere die Glasnost' und das Volk. Darum verbirgt man sich auch in dunklen Ecken. Was wollen sie denn alle? Vom Westen her souffliert man ihnen: Es gilt, sich zu vereinigen und eine einheitliche politische Plattform zu schaffen und die Initiative zu ergreifen . . .

Es gibt im ganzen Land mehr als 30 000 autonome Gruppen und Vereinigungen. In ihrer überwältigenden Mehrheit unterstützen sie die Umgestaltung mit ihrer Initiative, mit praktischen Vorschlägen, mit berechtigter Kritik und konkreter Tat. Aber, wie man so sagt, geht es in einer Familie nicht ohne politisch Mißratene ab. Soll man davor die Augen verschließen? Soll man so tun, als ob nichts geschähe? Die Leser [die sich nach vorangegangener Darstellung über das Treiben der falschen Glasnost'-Befürworter beklagt haben] sind mit Recht der Auffassung: Laßt uns ideologisch prinzipiell bei der Bewertung des Neuen sein und laßt uns offen sagen, wo die echte soziale Aktivität der Sowjetmenschen und wo der politische Extremismus – das Verquerte, das kleinbürgerliche Plätschern und der Antisowjetismus – liegt.

Die Aufgabe lautet, die Energie der autonomen Vereinigungen zum Wohl der Sache im Interesse der Gesellschaft zu nutzen. Die Hauptsache ist hier, eine patriotische und internationalistische Erziehung durchzuführen und von der Richtigkeit unserer sozialistischen Ideale zu überzeugen, wobei die Macht der öffentlichen Meinung und erforderlichenfalls auch die Stärke des Gesetzes genutzt werden müssen.

DOKUMENT 14

Die führende Rolle der kommunistischen Partei bei der Umgestaltung

Rede von Generalsekretär Gorbatschow auf einem Treffen der Vertreter der Massenmedien und der Kulturschaffenden der UdSSR, in: Neues Deutschland, 16. 7. 1987.

Ich glaube nicht, daß bei irgendjemandem der Gedanke auf Verständnis stoßen könnte, daß es auch ohne Partei ginge. 70 Jahre liegen hinter uns, und wir können daraus eindeutige Schlußfolgerungen ziehen – besonders jetzt, in der Etappe großer Veränderungen in unserem gewaltigen Staat, da wir die Prozesse der Demokratisierung, der Diskussionen und der Suche entfalten, gleichzeitig sozusagen auf dem Marsch die Umgestaltung sichern und voranschreiten müssen. Ohne eine Partei, die in der Lage ist, wissenschaftlich zu denken und eine entsprechende Politik, eine Strategie zur Lösung der praktischen Aufgaben zu entwickeln, kann dies nicht getan werden. Ohne Kader, die sie über Jahrzehnte ausgebildet hat und weiterhin ausbildet, kann dies nicht verwirklicht werden. Wenn jemand anders denkt, irrt er zumindest. Die sozialistische Gesellschaft braucht eine aktive, starke Partei, und die Partei muß selbst ein pulsierendes Leben führen. Nur dann kann sie ihre organisierende und führende Rolle ausüben.

DOKUMENT 15

Die sozialistische Demokratie in der Sicht Lenins

Zum vierten Jahrestag der Oktoberrevolution (1921), in: W. I. Lenin, Werke, Band 33, Berlin(Ost): Dietz Verlag 1963, 34.

Die Sowjetordnung ist das Höchstmaß an Demokratismus für die Arbeiter und Bauern, und zugleich bedeutet sie den Bruch mit dem bürgerlichen Demokratismus und die Entstehung eines neuen, weltgeschichtlichen Typus der Demokratie, nämlich: des proletarischen Demokratismus oder der Diktatur des Proletariats.

DOKUMENT 16

Lenins Erläuterung zur sozialistischen Demokratie

Die proletarische Revolution und der Renegat Kautsky (1918), in: W. I. Lenin, Werke, Band 28, Berlin(Ost): Dietz Verlag 1959, S. 247f., 255.

Die proletarische Demokratie ist millionenfach demokratischer als jede bürgerliche Demokratie; die Sowjetmacht ist millionenfach demokratischer als die demokratischste bürgerliche Republik. Das übersehen konnte nur ein Mensch, der bewußt Diener der Bourgeoisie oder politisch völlig tot ist . . .

Das übersehen konnte nur ein Mensch, der unfähig ist, vom Standpunkt der unterdrückten Klassen die Frage zu stellen: Gibt es in der ganzen Welt unter den demokratischsten, bürgerlichen Ländern auch nur ein Land, in dem der durchschnittliche, gewöhnliche Landarbeiter oder der ländliche Halbproletarier überhaupt (d. h. der Vertreter der unterdrückten Masse, der überwältigenden Mehrheit der Bevölkerung) auch nur annähernd solch eine Freiheit genießt, Versammlungen in den besten Gebäuden abzuhalten, solch eine Freiheit, über die größten Druckereien und die besten Papierlager zu verfügen, um seine Ideen darlegen und seine Interessen vertreten zu können, solch eine Freiheit, gerade Menschen seiner Klasse mit der Leitung und „Einrichtung" des Staates zu betrauen, wie in Sowjetrußland? . . .

Kautsky versteht diese jedem Arbeiter verständliche und offensichtliche Tatsache nicht, denn er hat „vergessen", hat es „verlernt", die Frage zu stellen: Demokratie für welche Klasse? Er urteilt vom Standpunkt der „reinen" (d. h. klassenlosen? oder außerhalb der Klassen stehenden?) Demokratie.

DOKUMENT 17

Lenin über Demokratie im Sozialismus und Absterben des Staates

Die proletarische Revolution und der Renegat Kautsky (1918), in: W. I. Lenin, Werke, Band 28, Berlin(Ost): Dietz Verlag 1959, S. 97f.

Kautsky hat dem Marxismus den Rücken gekehrt, denn er hat vergessen, daß jeder Staat eine Maschine zur Unterdrückung einer Klasse durch eine andere ist und daß auch die demokratischste bürgerliche Republik eine Maschine zur Unterdrückung des Proletariats durch die Bourgeoisie ist.

Nicht eine „Regierungsform", sondern ein Staat von anderem Typus ist die Diktatur des Proletariats, ein proletarischer Staat, eine Maschine zur Niederhaltung der Bourgeoisie durch das Proletariat. Die Niederhaltung ist notwendig, weil die Bourgeoisie ihrer Enteignung stets erbitterten Widerstand entgegensetzen wird . . .

Wo es Niederhaltung gibt, dort kann es keine Freiheit, Gleichheit usw. geben. Deshalb sagt Engels auch: „Solange das Proletariat den Staat noch gebraucht, gebraucht es ihn nicht im Interesse der Freiheit, sondern der Niederhaltung seiner Gegner, und sobald von Freiheit die Rede sein kann, hört der Staat auf als solcher zu bestehen." . . .

Die proletarische Demokratie hält die Ausbeuter, die Bourgeoisie, nieder – darum heuchelt sie nicht, verspricht ihnen nicht Freiheit und Demokratie –, den Werktätigen aber gibt sie die wahre Demokratie. Erst Sowjetrußland hat dem Proletariat und der ganzen gewaltigen werktätigen Mehrheit Rußlands eine Freiheit und Demokratie gegeben, wie sie in keiner bürgerlichen demokratischen Republik bekannt, möglich und denkbar ist.

DOKUMENT 18

Lenin: Die sozialistische Demokratie als Übergangsphase auf dem Weg zur klassen- und staatslosen Gesellschaft.

Staat und Revolution (1917), in: W. I. Lenin, Werke, Band 25, Berlin(Ost): Dietz Verlag 1960, S. 476.

Demokratie für die riesige Mehrheit des Volkes und gewaltsame Niederhaltung der Ausbeuter, der Unterdrücker des Volkes, d. h. ihr Ausschluß von der Demokratie – diese Modifizierung erfährt die Demokratie beim Übergang vom Kapitalismus zum Kommunismus.

Erst in der kommunistischen Gesellschaft, wenn der Widerstand der Kapitalisten schon endgültig gebrochen ist, wenn die Kapitalisten verschwunden sind, wenn es keine Klassen (d.h. keinen Unterschied zwischen den Mitgliedern der Gesellschaft in ihrem Verhältnis zu den gesellschaftlichen Produktionsmitteln) mehr gibt – erst dann „hört der Staat auf zu bestehen, und es kann von Freiheit die Rede sein". Erst dann ist eine tatsächlich vollkommene Demokratie, tatsächlich ohne jede Ausnahme, möglich und wird verwirklicht werden. Und erst dann beginnt die Demokratie abzusterben, infolge des einfachen Umstands, daß die von der kapitalistischen Sklaverei, von den ungezählten Greueln, Brutalitäten, Widersinnigkeiten und Gemeinheiten der kapitalistischen Ausbeutung befreiten Menschen sich nach und nach gewöhnen werden, die elementaren, von alters her bekannten und seit Jahrtausenden in allen Vorschriften gepredigten Regeln des gesellschaftlichen Zusammenlebens einzuhalten, sie ohne Gewalt, ohne Zwang, ohne Unterordnung, ohne den besonderen Zwangsapparat, der sich Staat nennt, einzuhalten.

III. Innere Umgestaltung und Verhältnis zur Außenwelt

DOKUMENT 19

Gorbatschow über Umgestaltung im Zeichen des Zusammenhangs von Innen- und Außenpolitik

Wiedergabe von Äußerungen Gorbatschows vor den Mitarbeitern des sowjetischen Ministeriums für Auswärtige Angelegenheiten am 23. Mai 1986, in: Vestnik Ministerstva inostrannych del SSSR, Nr. 1 (5. 8. 1987), S. 4f.

M. S. Gorbatschow unterstrich, daß der Zusammenhang zwischen Außen- und Innenpolitik doppelter Art ist. Die Schwierigkeiten, die unser Land im Verlauf einer Reihe von Jahren im Bereich der Wirtschaft durchlebt hat, treten notwendigerweise auch an seiner außenpolitischen Lage in Erscheinung. Der [westliche] Gegner versuchte unsere sozialwirtschaftliche Entwicklung aufzuhalten. Dies ist einer der Gründe dafür, daß die Entspannung seinerzeit von einer neuen Welle des „kalten Krieges" abgelöst worden ist. Jetzt, da sich ein Wandel zum Besseren in unseren inneren Angelegenheiten abgezeichnet hat, ist auch eine gewisse Bessserung der internationalen Situation eingetreten.

Man muß die Schlußfolgerung im Gedächtnis behalten, die vom XXVII. Parteitag gezogen worden ist: Ohne eine Beschleunigung der wirtschaftlichen und sozialen Entwicklung des Landes lassen sich unsere Positionen in der internationalen Arena nicht aufrechterhalten. Der Schlüssel für den Erfolg in den außenpolitischen Angelegenheiten liegt in der Verläßlichkeit und Festigkeit der Etappe, in der Gesundheit der sowjetischen Gesellschaft und unserer Wirtschaft . . .

Der Generalsekretär des ZK der KPdSU hob die außerordentliche Bedeutung dessen hervor, daß das neue Denken auch in der Diplomatie dominiert und das es im Gleichklang mit unserer Zeit voranschreitet und sich dabei energisch von den Stereotypen und Klischees der Vergangenheit löst . . . Angesichts dessen, daß der Westen keinerlei Methoden verschmäht, um unsere Friedensoffensive zu beenden, bedürfen wir einer wahrhaft dynamischen, tätigen und militanten Diplomatie.

DOKUMENT 20

Die Umgestaltung – ein Mittel zur Stärkung der Sowjetmacht

O. Seljaninov, V. I. Lenin o vzaimosvjazi vnutrennej i vnešnej politiki (W. I. Lenin über den wechselseitigen Zusammenhang zwischen Innen- und Außenpolitik), in: Meždunarodnaja žizn', 9/1987, S. 58.

Es wäre jedoch falsch anzunehmen, daß die [in der UdSSR] begonnenen Veränderungen einen ausschließlich inneren Charakter tragen würden. Tatsächlich weisen sie eine enge Beziehung zu den Aufgaben auf, welche die Sowjetunion in der internationalen Arena zu lösen hat. Das Wesen der Umgestaltung besteht darin, die potentiellen Möglichkeiten des Sozialismus vollständiger zu entdecken und unter deren Ausnutzung die sowjetische Gesellschaft auf eine qualitativ neue, höhere Stufe der Entwicklung in wirtschaftlicher, sozialer, geistiger und anderer Hinsicht zu heben, nachdem auf diese Weise ein zuverlässiges Fundament für den Aufbau des Kommunismus geschaffen worden ist. Aber dies bedeutet zugleich eine Festigung auch der internationalen Positionen der UdSSR und ihrer Wirtschaft – und folglich auch Verteidigungsmacht, demzufolge der Positionen der gesamten sozialistischen Gemeinschaft und des Weltsozialismus insgesamt. „Der Frieden und die Sicherheit des Landes ist die Sorge nicht nur der Diplomaten und Politiker. Der Frieden und die Sicherheit des Heimatlandes ist die Sorge von jedem von uns und aller Sowjetmenschen", unterstrich M. S. Gorbatschow in seiner Rede zum XVIII. Gewerkschaftskongreß. „Die Stimme der Sowjetunion wird zum Nutzen des Friedens in der internationalen Arena um so lauter und vernehmlicher klingen, je besser und erfolgreicher wir mit unseren Aufgaben zu Hause fertig werden."

DOKUMENT 21

Die Entwicklung der sowjetischen Wirtschaft als Friedensaufgabe

Kursom XXVII s-ezda KPSS – kursom mira i sozdanija (Auf dem Kurs des XXVII. Parteitags der KPdSU – auf dem Kurs des Friedens und des Aufbaus), in: Meždunarodnaja žizn', 3/1987, S. 3.

Jeder unser wirtschaftlicher Erfolg, in dem ein Anteil der Arbeit jedes Sowjetmenschen steckt, ist eine Festigung der materiellen Basis der allgemeinen Sicherheit und eine wirksame Schranke auf dem Weg der aggressiven Umtriebe der imperialistischen Kräfte. „Mit einem Wort", so bemerkte M. S. Gorbatschow, „eine starke und gesunde Wirtschaft gewährleistet den Erfolg auch für die Friedenspolitik, das wird auch als Verbindung der Außen- mit der Innenpolitik bezeichnet."

DOKUMENT 22

Die Umgestaltung in der UdSSR als Faktor der internationalen Politik

V. Kortunov, Revoljucionnyj sdvig v soznanii millionov (Ein revolutionärer Wandel im Bewußtsein von Millionen), in: Meždunarodnaja žizn', 10/1987, S. 31f.

Als man den Präsidenten der USA fragte, was er von dem wachsenden Vertrauen der Westeuropäer zur UdSSR und von dem entsprechenden Prestigeverlust der USA halte, antwortete R. Reagan, daß diese Stimmungen, wie er hoffe, vorübergehender Art seien, daß man in der Alten Welt bald „zur Vernunft kommen“ werde und daß die Vereinigten Staaten noch zeigen würden, was ihre Fähigkeiten seien . . .

Es läßt sich nicht bezweifeln, daß die Umgestaltung der sowjetischen Innenpolitik und die Reform des Wirtschaftsmechanismus ebenso wie die außenpolitische Umgestaltung auch diese nach Ansicht Washingtoner Theoretiker „unwiderleglichen“ Argumente den Händen der westlichen Opponenten der UdSSR entwinden werden und daß die Welt das wahrhafte Antlitz der sozialistischen Gesellschaft erblicken wird. Die Veränderungen, die gegenwärtig in der UdSSR im Gang sind, finden durchaus nicht zu dem Zweck statt, daß diese das „Gefallen“ der westlichen Kämpfer für Menschenrechte und Demokratie findet. Das forcierte Experiment, das gegenwärtig in allen Sphären der Sowjetgesellschaft abläuft, ist objektiv durch den gesamten Verlauf der inneren Entwicklung des Landes bedingt und wird von der Notwendigkeit bestimmt, das Hauptproblem in Theorie und Praxis des Sozialismus zu lösen – nämlich auf sozialistischer Grundlage Anreize für den wirtschaftlichen, wissenschaftlich-technischen und sozialen Fortschritt zu schaffen, welche die Anreize der kapitalistischen Wirtschaft übertreffen. Es geht also um die Selbstverwirklichung des Sozialismus und um die Verwirklichung seiner geschichtlichen Mission als der neuen Ordnung, die den Anforderungen der heutigen Epoche besser entspricht. Die Lösung dieser Aufgabe wird, wenn man den engen wechselseitigen Zusammenhang zwischen Innen- und Außenpolitik berücksichtigt, nicht nur das Vertrauen der Völker zur internationalen Strategie der Länder des Sozialismus stärken, sondern unbedingt auch den gegenwärtig geführten Kampf der Ideologien eindeutig zu Gunsten der sozialistischen Alternative entscheiden.

DOKUMENT 23

Umgestaltung als Mittel zum Erfolg in der Systemauseinandersetzung

Strategija obnovlenija i politika mira (Die Strategie der Erneuerung und die Politik des Friedens), in: Meždunarodnaja žizn', 4/1987, S. 7.

Ein besonders fühlbarer Schlag gegen die Positionen unserer ideellen Gegner wurde durch einen Maßnahmenkomplex geführt, der auf die

Vertiefung der sozialistischen Demokratie und die Entwicklung der Selbstverwaltung des Volkes gerichtet ist und auf dem Januar-Plenum des ZK der KPdSU auf der Grundlage der Grundsatzbeschlüsse des XXVII. Parteitages ausgearbeitet worden sind . . . Die Demokratie ist in unserem Verständnis der Hauptweg zur Selbstvervollkommnung des Sozialismus. „Nur durch eine konsequente Entwicklung der demokratischen Formen, die dem Sozialismus eigentümlich sind, durch eine Erweiterung der Selbstverwaltung“, so wurde auf dem Januar-Plenum unterstrichen, „ist unsere Vorwärtsbewegung in der Produktion, in Wissenschaft und Technik, in der Literatur, Kultur und Kunst sowie in allen Sphären des gesellschaftlichen Lebens möglich. Nur dieser Weg gewährleistet eine bewußte Disziplin. Nur mittels der Demokratie und dank der Demokratie ist die [angestrebte] Umgestaltung überhaupt möglich. Nur so kann man Raum für die äußerst gewaltige Schöpferkraft des Sozialismus, für eine freie Arbeit und ein freies Denken in einem freien Land, schaffen.“

Alle sogenannten „Reize“ der bourgeoisen Demokratie [des Westens], in deren Schatten Arbeitslosigkeit und empörende soziale Ungleichheit existieren, der Antagonismus innerhalb der Gesellschaft wächst, Kriminalität und Rassendiskriminierung blühen, die gröbsten Verletzungen elementarer Persönlichkeitsrechte und -freiheiten praktiziert werden und ein Niedergang der gesellschaftlichen Sitten und der Moral stattfindet, halten in keiner Weise einen Vergleich mit der Demokratie aus, die der Sozialismus dem gesamten Volk und jeder Persönlichkeit gewährleistet. Denn eben der Sozialismus hat die Demokratie mit realem Gehalt erfüllt und aus einer Parole zur Wirklichkeit gemacht . . . Die Probleme der Demokratie sind in der gegenwärtigen Welt zu einer der wichtigsten Sphären des ideell-politischen Kampfes der beiden Gesellschaftssysteme geworden.

DOKUMENT 24

Lenin über wirtschaftliches Überholen des Westens

Referat vom 24. Dezember 1920 auf dem VIII. Gesamtrussischen Sowjetkongreß, in: W. I. Lenin, Werke, Band 31, Berlin(Ost): Dietz Verlag 1964, S. 476.

Wenn wir den Warenaustausch mit dem Ausland wollen – und wir wollen ihn, wir sehen seine Notwendigkeit ein –, so sind wir hauptsächlich daran interessiert, von den kapitalistischen Ländern möglichst schnell diejenigen Produktionsmittel (Lokomotiven, Maschinen, elektrische Apparate) zu erhalten, ohne die wir unsere Industrie halbwegs ernsthaft nicht wiederherstellen können, ja manchmal überhaupt nicht wiederherstellen können, weil die notwendigen Maschinen für unsere Fabriken nicht zu beschaffen sind. Es gilt, den Kapitalismus durch hohe Profite zu bestechen. Er wird Überprofite einheimsen. Zum Teufel damit, mit diesen Überprofiten. Wir werden das Wesentliche erhalten, mit dessen Hilfe wir erstarken, endgültig auf die Beine kommen und den Kapitalismus ökonomisch besiegen werden.

IV. Wirtschaftliche Zusammenarbeit über die Systemgrenzen hinweg

DOKUMENT 25

Plädoyer für einen freien Handelsaustausch

E. Buzaeva/V. Uspenskij, Trudnosti i perspektivy delovogo sotrudničestva v Evrope (Schwierigkeiten und Perspektiven einer geschäftsmäßigen Zusammenarbeit in Europa), in: Meždunarodnaja žizn', 9/1987, S. 76f., 79f.

Wie die Praxis zeigt, erfüllen die Staaten des Westens nicht oder zumindest nicht vollständig die grundlegenden Bestimmungen dieser Dokumente [die auf der Konferenz über Sicherheit und Zusammenarbeit in Europa angenommen worden sind] in den Fragen des Handels und der wirtschaftlichen Zusammenarbeit . . .

Unter aktiver Ausnutzung der NATO, des COCOM, der OECD und anderer westlicher Organisationen haben die USA es in beträchtlichem Umfang verstanden, den Ländern der Europäischen Gemeinschaft ihren Ansatz hinsichtlich der wirtschaftlichen Verbindungen mit den sozialistischen Ländern aufzuzwingen und die Annahme von Beschlüssen zu erreichen, die sich auf eine Einschränkung und sogar auf eine Unterbindung des Handels und der Zusammenarbeit mit dem Osten richten.

Die schwersten Handelshemmnisse sind im Ergebnis einer wesentlichen Erweiterung der Listen von Waren aufgetreten, die für den Export in die UdSSR und andere RGW-Länder verboten oder nur bedingt zulässig sind (COCOM-Listen). Unter dem Vorwand, daß für den Export in diese Länder „strategische Güter" verboten werden müßten, wurde praktisch die gesamte wissenschaftlich sensible Produktion und fortschrittliche Technik auf eine „schwarze Liste" gesetzt. Es wurde eine schärfere Kontrolle über die Endverwendung der Produktion und der Technik eingerichtet, die von den USA an die Länder der Europäischen Gemeinschaft geliefert wird. Diese

Maßnahmen hemmen natürlich die Weiterentwicklung des Handels, die industrielle und wissenschaftlich-technische Zusammenarbeit und verhindern in einer Reihe von Fällen die Realisierung bereits abgeschlossener Verträge der Außenhandelsorganisationen sozialistischer Länder mit Firmen westlicher Staaten . . .

Der Begriff einer internationalen wirtschaftlichen Sicherheit als eines integrierenden Bestandteils der internationalen Sicherheit insgesamt setzt insbesondere den Verzicht auf die Anwendung von Gewaltmethoden oder auf deren Androhung, den Schutz der wirtschaftlichen Rechte und Interessen der Staaten und die Schaffung von zuverlässigen Garantien dafür voraus, daß sie nicht verletzt werden. Von grundlegender Wichtigkeit für die Gewährleistung der internationalen wirtschaftlichen Sicherheit sind die Achtung der nationalen Unabhängigkeit und Souveränität, die Nichteinmischung in die inneren Angelegenheiten [d.h. in die Verwendung eingeführter Güter], Gleichberechtigung und Diskriminierungsverzicht und die unbedingte Respektierung des unveräußerlichen souveränen Rechts der Staaten, ihr Wirtschaftssystem zu bestimmen. Die zwischenstaatliche Gesellschaft muß frei von Willkür und unrechtmäßigen Embargos, von Boykotten, Handels-, Kredit- und Technologieblockaden sowie von der Ausnutzung wirtschaftlicher Verbindungen als Mittel politischen Drucks sein.

DOKUMENT 26

Lenin: Einholen des Westens mittels wirtschaftlicher Zusammenarbeit

Schlußrede auf dem X. Parteitag der KPR(B) am 16. März 1921, in: W. I. Lenin, Werke, Band 32, Berlin(Ost): Dietz Verlag 1961, S. 272f.

Ohne Konzessionen* können wir auf eine Unterstützung durch die hochentwickelte moderne kapitalistische Technik nicht rechnen. Und ohne diese Technik können wir keine richtige Grundlage für unsere Großindustrie auf solchen Gebieten schaffen wie der Gewinnung von Erdöl, das für die gesamte Weltwirtschaft von außerordentlicher Bedeutung ist . . .

Die Sache läuft darauf hinaus, unsere wirtschaftliche Lage zu verbessern, die technische Ausrüstung unserer Republik zu stärken, die Produktenmenge, die Menge der Lebensmittel und der Gebrauchsgüter für unsere Arbeiter zu vergrößern. In dieser Hinsicht ist jede Erleichterung von gewaltiger Bedeutung für uns . . .

Haben wir ein Viertel von Grosny und ein Viertel von Baku in Konzession gegeben, so werden wir diese Konzessionserteilung ausnutzen – wenn es uns gelingen wird, sie zu realisieren –, um auf den übrigen drei Vierteln die fortgeschrittene Technik des fortgeschrittenen Kapitalismus einzuholen. Jetzt sind wir außerstande, das auf andere Weise zu tun. Wer den Zustand unserer Wirtschaft kennt, wird das begreifen. Haben wir aber eine wenngleich mit Hunderten Millionen Goldrubel bezahlte Stütze, so werden wir alle Mittel anwenden, um das auf den übrigen drei Vierteln zu erreichen.

* wirtschaftliche Nutzungsrechte, die an westliche Firmen vergeben wurden

DOKUMENT 27

Lenins Vorstellung vom Charakter der wirtschaftlichen Zusammenarbeit

Referat über die Konzessionen (1921), in: W. I. Lenin, Werke, Band 32, Berlin (Ost): Dietz Verlag 1961, S. 321f., 325.

Eine Konzession, die der kapitalistischen Produktion Rechnung trägt, mit dem sowjetischen Standpunkt in Einklang zu bringen, ist natürlich keine leichte Sache, und jede derartige Bemühung ist, wie ich schon sagte, eine Fortsetzung des Kampfes zwischen dem Kapitalismus und dem Sozialismus. Dieser Kampf hat die Formen geändert, aber es ist ein Kampf geblieben. Jeder Konzessionär bleibt ein Kapitalist, und er wird danach trachten, die Sowjetmacht zu untergraben, aber wir müssen bestrebt sein, seine Gier auszunutzen. Wir sagen: „Uns tun auch 150 Prozent nicht leid, wenn wir eine Verbesserung der Lage unserer Arbeiter erreichen." Das ist es, worum der Kampf gehen wird. . . .

Jeder Friedensvertrag mit bürgerlichen Mächten ist ein Vertrag, der bestimmte militärische Punkte des Krieges fixiert. Genauso ist auch jeder Punkt eines Konzessionsvertrags ein militärischer Vertrag in dem Sinne, daß es um jeden Punkt Krieg gab. Man muß es verstehen, die Sache so einzurichten, daß die eigenen Interessen in diesem Krieg gewahrt bleiben. Es ist deshalb möglich, weil der Kapitalist aus dem Konzessionsunternehmen hohe Profite zieht, während wir eine gewisse Verbesserung der Lage unserer Arbeiter erreichen und gewisse zusätzliche Erzeugnisse erhalten, die auf unseren Anteil entfallen.

V. Ein Neuansatz in der Außenpolitik

DOKUMENT 28

Die Notwendigkeit eines neuen Denkens in der Außenpolitik

Rede von Generalsekretär Gorbatschow vor den gesellschaftswissenschaftlichen Kadern der KPdSU vom 1. Oktober 1986, in: Pravda, 2. 10. 1986.

Die heutigen Prozesse dürfen nicht mit den alten Formeln vorangetrieben werden. Es müssen neue Schlüsse gezogen werden, welche die heutige Dialektik des Lebens widerspiegeln. Und dies kann nur in einer schöpferischen Atmosphäre stattfinden. Die Wahrheitssuche soll durch die Gegenüberstellung verschiedener Standpunkte, Diskussionen, Erörterungen und die Abschaffung früherer Stereotype vor sich gehen.

Und deshalb sprechen wir besonders lautstark von der Notwendigkeit des Mutes und der Initiative bei der Entwicklung neuer Ideen. Deshalb stellt die Partei heute so vehement die Frage nach dem „Moment der Wahrheit", nach der Bestätigung der Wahrheit sowohl im Leben als auch in der Wissenschaft, die dazu berufen ist, sie zu untersuchen und effektive Problemlösungen zu finden. Die „erste Verpflichtung jener, die den ‚Weg zum menschlichen Glück' finden wollen", betonte Lenin, „sollen sich nicht selbst täuschen, sollen den Mut haben, offen das anzuerkennen, was ist".

Das neue Denken, das jeder beherrschen soll, ist das dialektische Denken, die Dialektik, wie Marx schrieb, „die sich vor nichts mit Ehrfurcht verbeugt und ihrem Wesen nach kritisch und revolutionär ist". Und diese Eigenschaft besitzt der Marxismus „voll und ganz und unzweifelhaft" (Lenin) . . .

In unserer Zeit, der Zeit des Umbruchs, stellt sich die Frage nach der Bedeutung des Studiums der Gesellschaftswissenschaften bei der Bildung der wissenschaftlichen Weltanschauung. Gibt es hier neue Probleme, neue Aufgaben? Ich denke, ja.

Das Anwachsen der wissenschaftlichen und technischen Leistungen der Menschheit, die Verschärfung der globalen Probleme, die zunehmende Bedrohung der Existenz der menschlichen Zivilisation und des Lebens auf der Erde an sich als Folge der imperialistischen Politik des Militarismus und der Aggression – all dies bringt neue weltanschauliche Probleme und verpflichtet dazu, die alten zu überdenken.

Die Fähigkeit, sich in der heutigen komplizierten, widersprüchlichen, aber doch wechselseitig abhängigen Welt zu orientieren, ist keine Gabe der Natur . . . Diese Fähigkeit muß man den künftigen Spezialisten beibringen. Denn die Weltanschauung macht nicht nur die Gesamtheit allgemeiner Kenntnisse von der Welt aus. Es sind gleichzeitig auch die bewußten Klasseninteressen und Ideale, juristische und moralische Normen, soziale Prioritäten und humanistische Werte.

DOKUMENT 29

Das neue Denken – keine Positionskorrektur, aber eine neue Methodologie

Rede von M. A. Gorbatschow auf dem Internationalen Friedensforum in Moskau am 17. Februar 1987, wiedergegeben in: Pravda, 18. 2. 1987.

Das neue politische Denken ist dazu berufen, die Zivilisation auf eine qualitativ neue Stufe zu heben. Darum ist das keine einmalige Positionskorrektur, sondern eine Methodologie der Gestaltung der internationalen Angelegenheiten.

DOKUMENT 30

Das neue Denken besitzt revolutionären Charakter

Krupnejšee dostiženie sovremennoj marksistsko-leninskoj mysli (Die wichtigste Errungenschaften des gegenwärtigen marxistisch-leninistischen Denkens), in: Kommunist, 6/1986, S. 5, 9.

Heute auf neue Weise sowohl zu denken als auch zu handeln, heißt auf Leninsche Weise denken und handeln: mit einem echt revolutionären Schwung und mit dem Gefühl der geschichtlichen Verantwortung und des Realismus, wobei man in allem von den Interessen der Werktätigen ausgeht, schöpferisch die Besonderheiten der neuen Entwicklungsetappe theoretisch reflektiert und auf dieser Grundlage ein klares Programm der praktischen Aktionen ausarbeitet, die geeignet sind, die Massen zu motivieren und alle Kräfte der Partei und des Volkes zur Durchführung zu mobilisieren . . .

Wenn die Partei die herangereiften Probleme der Theorie und Praxis ausarbeitet, läßt sie sich von dem Leninschen Gedanken daran leiten, daß die allgemeinen Prinzipien des Marxismus-Leninismus in jeder neuen geschichtlichen Etappe auf neue Weise aktuell werden, daß sie sich von neuen Seiten her darstellen und eine konkrete, der Zeit angemessene Ausprägung erhalten . . .

Bereits im Jahre 1918 hat Lenin, als er zur Komplexität und Widersprüchlichkeit der Emporbewegung der Geschichte Stellung nahm, unterstrichen, daß künftig „die Sache bei weitem komplizierter und schneller ablaufen" werde, „das Entwicklungstempo rasanter sein" und „die Richtungsänderungen komplizierter ausfallen" würden. Und tatsächlich haben die auf den Oktober [1917] folgenden Befreiungsrevolutionen – die sozialistischen und die antikolonialistischen – der Sache des sozialen Fortschritts [d. h. dem Vordringen des Kommunismus in der Welt] neue mächtige Impulse gegeben.

DOKUMENT 31

Die Lenin-Parallele zum neuen Denken: Verzögerung der proletarischen Revolution und Appell an die unterdrückten Völker*

Politischer Bericht des Zentralkomitees vom 2. Dezember 1919, in: W. I. Lenin, Werke, Band 30, Berlin(Ost): Dietz Verlag 1961, S. 159.

Als wir von Anfang an davon sprachen, daß wir unsere Hoffnung auf die Weltrevolution setzen, hat man darüber gelacht, hat es unzählige Male für unreal erklärt und tut das auch heute noch. Doch die zwei Jahre haben uns genaues Material für eine Kontrolle geliefert. Wir wissen: Versteht man diese Hoffnung als Hoffnung auf einen raschen unmittelbaren Aufstand in Europa, so ist es dazu nicht gekommen.

Referat auf dem II. Kongreß der Kommunistischen Organisationen der Völker des Ostens am 22. November 1919, in: W. I. Lenin, Werke, Band 30, Berlin(Ost): Dietz Verlag 1961, S. 144.

Sie sind Vertreter der kommunistischen Organisationen und der kommunistischen Parteien der verschiedenen Völker des Ostens. Ich möchte sagen: Wenn es den russischen Bolschewiki [d.h. Kommunisten Leninscher Prägung] gelungen ist, in den alten Imperialismus eine Bresche zu schlagen und die überaus schwierige, aber auch sehr ehrenvolle Aufgabe zu übernehmen, der Revolution neue Wege zu bahnen, so haben Sie, die Vertreter der werktätigen Massen des Ostens, eine noch großartigere und noch neuartigere Aufgabe zu lösen. Es wird immer klarer, daß die über der ganzen Welt heraufziehende sozialistische Revolution keinesfalls nur in dem Sieg des Proletariats eines jeden Landes über die eigene Bourgeoisie bestehen wird. Das wäre möglich, wenn die Revolutionen leicht und rasch vonstatten gingen. Wir wissen aber, daß die Imperialisten das nicht zulassen werden, daß alle Länder gegen ihren inneren Bolschewismus gerüstet und nur mit dem Gedanken beschäftigt sind, wie sie den Bolschewismus bei sich zulande besiegen können. Deshalb reift in jedem Land der Bürgerkrieg heran, an dem die alten sozialistischen Paktierer an der Seite der Bourgeoisie teilnehmen sollen. Somit wird die sozialistische Revolution nicht nur und nicht hauptsächlich ein Kampf der revolutionären Proletarier eines jeden Landes gegen die eigene Bourgeoisie sein, nein, sie wird ein Kampf aller vom Imperialismus unterdrückten Kolonien und Länder, aller abhängigen

Länder gegen den internationalen Imperialismus sein. In dem im vergangenen März angenommenen Programm unserer Partei heißt es an der Stelle, wo wir vom Herannahen der sozialen Weltrevolution sprechen, daß sich der Bürgerkrieg der Werktätigen gegen die Imperialisten und Ausbeuter in allen fortgeschrittenen Ländern mit dem nationalen Krieg gegen den internationalen Imperialismus zu vereinigen beginnt. Das bestätigt den Gang der Revolution, das wird sich im weiteren Verlauf immer mehr bestätigen. Das gleiche werden wir auch im Osten erleben.

* eine Parallele, die von den gegenwärtigen Verfechtern des neuen Denkens gezogen wird

VI. Sicht des Ost-West-Verhältnisses

DOKUMENT 32

Offizielle These des Systemantagonismus

Politischer Bericht des Politbüros an den XXVII. KPdSU-Parteitag, erstattet von Generalsekretär Gorbatschow am 25. Februar 1986, in: Pravda, 26. 2. 1986.

Die erste und vom Standpunkt der Geschicke der Menschheit wichtigste Gruppe der Widersprüche ist mit den Beziehungen zwischen den Staaten der beiden Systeme, der beiden Formationen verbunden. Diese Widersprüche haben eine langjährige Vergangenheit. Seit der Zeit des Großen Oktobers in Rußland und der Spaltung der Welt nach dem Sozial- und Klassenmerkmal sind prinzipielle Unterschiede sowohl bei der Bewertung der Ereignisse als auch in den Ansichten über die soziale Weltperspektive aufgetreten . . .

Der Zusammenstoß und der Kampf der gegensätzlichen Einstellungen zu den Perspektiven der Weltentwicklung haben einen besonders schwierigen Charakter angenommen. Nachdem in der Welt gewaltige nukleare Arsenale angehäuft worden sind, und die Spezialisten nur darüber streiten, wie oft oder wieviel dutzendmal man damit die Menschheit vernichten kann, ist es allerhöchste Zeit, den Rückzug vom Balancieren am Rande des Krieges anzutreten und von dem Gleichgewicht des Schreckens zu normalen zivilisierten Formen der Wechselbeziehungen der Staaten beider Systeme überzugehen.

Genau um die Fragen des realen Inhalts der Politik, die den Frieden zu bewahren geeignet sind, wird sich auch, nach allem zu urteilen, der grundlegende Kampf in den bevorstehenden Jahren entfalten. Ein schwieriger und vielfältiger Kampf, denn wir haben es mit einer Gesellschaft zu tun, deren führende Kreise die Realitäten der Welt und ihre Perspektiven nicht nüchtern bewerten und seriöse Schlußfolgerungen aus eigener und fremder Erfahrung ableiten wollen. All das ist ein Indiz für die Abnutzung ihrer inneren „Immunsysteme" und ihrer sozialen Altersschwäche, was die Wahrscheinlichkeit großer Veränderungen in der Politik der herrschenden Kräfte verringert und den Grad von deren Verantwortungslosigkeit erhöht.

Aus diesem Grund kann man in der entstandenen Lage die Zukunft der Beziehungen zwischen den sozialistischen und kapitalistischen Ländern, zwischen der UdSSR und den USA, sehr schwer prognostizieren. Die entscheidenden Faktoren werden hier das Kräfteverhältnis in der Weltarena, das Anwachsen und die Aktivität des Friedenspotentials sowie dessen Fähigkeit sein, sich der Drohung des Kernwaffenkriegs wirksam entgegenzustellen.

DOKUMENT 33

Der Klassenantagonismus in der gegenwärtigen Welt

Rede von Generalsekretär Gorbatschow zum 113. Geburtstag Lenins, in: Pravda, 23. 4. 1987.

Die Jahre, in denen wir leben, werden in die Geschichte als eine Zeit eines angespannten Klassenkampfes auf dem außenpolitischen Feld eingehen. Hier stoßen mit ungewöhnlicher Schärfe zwei Kurse, zwei diametral verschiedene Einstellungen zu den internationalen Problemen aufeinander. Der Hauptgrund für die gegenwärtige Verschärfung der internationalen Lage ist die abenteuerliche Einstellung der aggressivsten Kräfte des Imperialismus zur Hauptfrage der Gegenwart, der Frage nach Krieg und Frieden. „. . . Die Frage nach Krieg und Frieden", sagte Lenin, „kann nicht richtig gestellt werden, wenn man den Klassenantagonismus der heutigen Gesellschaft außer acht läßt . . ." Die imperialistische Reaktion mag sich mit allen möglichen Masken tarnen, aber sie ist doch nicht in der Lage zu verbergen, daß ihr außenpolitischer Kurs auch heute von engstirnig-eigensüchtigen Klasseninteressen diktiert wird.

DOKUMENT 34

Gorbatschows spontan-intern geäußerte Sicht des Westens

Ansprache von Generalsekretär Gorbatschow vor sowjetischen Schriftstellern in Moskau am 19. Juni 1986, übersetzt nach einem aus zwei voneinander unabhängigen Quellen bekannt gewordenen Manuskript, dessen italienische Fassung von der kommunistischen Parteizeitung „L'Unità" und von der linkssozialistischen Zeitung „La Repubblica" jeweils am 7. Oktober 1986 veröffentlicht wurde.

Unser Feind hat uns erraten. Sie schreckt nicht unsere nukleare Macht. Sie werden keinen Krieg beginnen. Sie erregt nur eins: Wenn bei uns sich Demokratie entwickeln wird, wenn sie bei uns Fuß faßt, dann werden wir siegen. Aus diesem Grund haben sie eine Kampagne gegen unsere Führung mit allen Mitteln bis hin zum Terror begonnen.

DOKUMENT 35

Lenin über die praktischen Konsequenzen des Systemantagonismus

Rede auf dem IV. Russischen Gewerkschaftskongreß am 27. Juni 1918, in: W. I. Lenin, Werke, Band 27, Berlin(Ost): Dietz Verlag 1960, S. 463f.

Aus diesem Krieg [dem damals im Gang befindlichen Ersten Weltkrieg] gibt es keinen anderen Ausweg als die Revolution, als den Bürgerkrieg, als die Umwandlung des von den Kapitalisten um ihre Profite, um die Teilung der Beute, um die Unterwerfung der kleinen Länder geführten Krieges in den Krieg der Unterdrückten gegen die Unterdrücker, in den einzigen Krieg, der in der Geschichte stets nicht nur die großen, sondern überhaupt alle einigermaßen bedeutenden Revolutionen begleitet, in den einzigen Krieg, der vom Standpunkt der Interessen der werktätigen, der unterdrückten, der ausgebeuteten Massen ganz allein ein legitimer und gerechter, ein heiliger Krieg ist. Ohne einen solchen Krieg ist aus der imperialistischen Sklaverei nicht herauszukommen ...

Die Imperialisten verurteilen die Arbeiterklasse zu Unbilden, zu Leiden und zum Aussterben. Wie schwer und qualvoll diese Leiden der ganzen

Menschheit auch sein mögen, so wird es angesichts der neuen, der sozialistischen Gesellschaft doch mit jedem Tag klarer, daß den Krieg, den die Imperialisten begonnen haben, nicht diese Imperialisten beenden werden; beenden werden ihn andere Klassen, die Arbeiterklasse, die in allen Ländern mit jedem Tag in immer größere Bewegung, Entrüstung und Empörung gerät, die, unabhängig von Gefühlen und Stimmung, durch die Macht der Dinge zum Sturz der kapitalistischen Herrschaft gezwungen wird . . .

VII. Bedrohung und Gegenbedrohung im Ost-West-Verhältnis

DOKUMENT 36

Die grundlegende Feindschaft des Westens gegen den Sozialismus

Politischer Bericht des Politbüros an den XXVII. KPdSU-Parteitag, erstattet von Generalsekretär Gorbatschow am 25. Februar 1986, in: Pravda, 26. 2. 1986.

Der Kapitalismus hat die Entstehung des Sozialismus als einen „Fehler" in der Geschichte behandelt, der „korrigiert" werden muß. Korrigiert um jeden Preis, auf jede Weise und ohne Rücksicht auf Recht und Moral: durch bewaffnete Intervention, wirtschaftliche Blockade, subversive Tätigkeit, Sanktionen und „Bestrafungen" und Verweigerung jeglicher Zusammenarbeit.

DOKUMENT 37

Amtliche Darstellung der militärischen und politischen Bedrohung von seiten des Westens

D. T. Jazov, Voennaja doktrina Varšavskogo Dogovora – doktrina zaščity socializma (Die Militärdoktrin des Warschauer Pakts ist die Doktrin der Verteidigung des Sozialismus), in: Pravda, 27. 7. 1987.

Die breit angelegten militärischen Vorbereitungen der USA und der NATO, die Verstärkung ihrer militärischen Anwesenheit in der Nähe der Territorien der UdSSR und anderer sozialistischer Staaten, die unaufhörlichen provokativen Verletzungen ihrer Grenzen zur See und in der Luft und die [von uns] zu ertragenden hirnrissigen Pläne für die Demontage des Gesellschaftssystems in den Ländern des Sozialismus – diese und andere feindselige Aktionen der Kräfte des Imperialismus stärken den allgemeinen Frieden und die Sicherheit nicht, sondern untergraben sie.

DOKUMENT 38

Die nicht-militärische Bedrohung der UdSSR durch den Westen

Rede des Politbüromitglieds und KGB-Vorsitzenden, W. M. Tschebrikow, am 10. September 1987 anläßlich des 110. Geburtstages von Feliks Dzierżyński, in: Pravda, 11. 9. 1987.

Die positiven Veränderungen in der UdSSR und die breitangelegten außenpolitischen Initiativen des Sowjetstaates, die auf die Wahrung und Festigung des Friedens und die Herausbildung eines neuen politischen Denkens im internationalen Verbund gerichtet sind, rufen ein ständig wachsendes Interesse und ständig wachsende Sympathie in der ausländischen Öffentlichkeit hervor. Zugleich hat der Kurs der KPdSU auf Beschleunigung der sozio-ökonomischen Entwicklung und auf Erweiterung der Demokratie und Publizität eine negative Reaktion von seiten der militanten Antikommunisten hervorgerufen. Sie beunruhigen vor allem die realen Perspektiven der Stärkung des Sowjetstaates und das Anwachsen der Attraktivität der Idee des Sozialismus insgesamt. Aus diesem Grund konzentrieren die reaktionären Kräfte der imperialistischen Länder ihre Bemühungen auf den Versuch, den Prozeß der sozio-ökonomischen Erneuerung der Sowjetgesellschaft zu durchkreuzen oder zumindest aufzuhalten.

Eine besondere Rolle im Kampf gegen den Sozialismus hat der Westen immer seinen Spezialdiensten zugewiesen. Gegenwärtig richten sich deren Anstrengungen immer mehr auf die Untergrabung der konkreten Umgestaltungsmaßnahmen unserer Wirtschaft und des Leitungssystems der Volkswirtschaft. Es aktivieren sich die Versuche der Spezialdienste, Informationen über die geplanten außenpolitischen Aktionen der Sowjetunion, über die grundlegenden Forschungen im Bereich der Wissenschaft und Technik und über wichtige volkswirtschaftliche Pläne zu erlangen.

Eins der Hauptobjekte der subversiven Tätigkeit der Spezialdienste der imperialistischen Staaten ist nach wie vor das moralisch-politische Potential unseres Staates, die Weltanschauung des Sowjetmenschen. Und das ist natürlich. Denn die Verwirklichung der sozio-ökonomischen Entwicklung erfordern die aktive und interessierte Mitarbeit aller Werktätigen, d.h. eine Einstellung, die nur aufgrund einer tiefen ideellen Überzeugung möglich ist. Eben aus diesem Grund sparen die Subversionszentren nicht an Mitteln, um Aktionen der ideologischen Diversion durchzuführen, um die marxistisch-leninistische Theorie und die Politik der KPdSU zu diskreditieren. Sie suchen auf alle mögliche Weise den historischen Weg des Sowjetstaates und die Praxis des sozialistischen Aufbaus anzuschwärzen.

DOKUMENT 39

Erfordernisse der Bedrohungsabwehr gegenüber dem Westen

P. Lušev, Vysokaja boevaja gotovnost' Sovetskich Vooružennych Sil – važnejšij faktor zaščity socializma (Eine hohe Kampfbereitschaft ist der wichtigste Faktor bei der Verteidigung des Sozialismus), in: Voenno-istoričeskij žurnal, 6/1987, S. 6.

Wenn wir einen neuen Krieg zu verhindern suchen, ist es notwendig, die Machenschaften der imperialistischen Geheimdienste zu unterbinden, ihre Rolle bei der Vorbereitung militärischer Konflikte zu entlarven, die subversive Arbeit der feindlichen Agentur genau zu erkennen, keinen Abfluß von Geheiminformationen zuzulassen und Staats- und Militärgeheimnisse streng zu wahren. Gegenwärtig aktivieren die USA und ihre NATO-Verbündeten die Spionage- und Subversionstätigkeit ihrer Spezialdienste gegen die UdSSR und andere sozialistische Länder, wobei sie dieser Tätigkeit einen totalen Charakter zu geben suchen. Zu diesem Zweck benutzen sie vielfältige Methoden und wenden in ihrer Spionagetätigkeit die neuesten Errungenschaften der Wissenschaft und Technik sowie das gesamte Arsenal des „geheimen Krieges" an. Eine der grundlegenden Formen der Subversionstätigkeit gegen die Sowjetunion ist unter den gegenwärtigen Umständen die ideologische Diversion, deren Umfang sich ständig vergrößert und auf alle Länder der sozialistischen Gemeinschaft ausdehnt.

DOKUMENT 40

Die Existenz des westlichen Systems als Bedrohung der Sowjetmacht in der Sicht Lenins

Schlußwort zum Bericht über die Tätigkeit des Rats der Volkskommissare auf dem VIII. Gesamtrussischen Sowjetkongreß (1920), in: W. I. Lenin, Werke, Band 31, Berlin (Ost): Dietz Verlag 1964, S. 516f.

Wer die uns ständig drohende Gefahr vergißt, die nicht aufhören wird, solange der Weltimperialismus besteht – wer das vergißt, der vergißt unsere Republik der Werktätigen. Uns zu sagen, daß wir Geheimdiplomatie treiben, uns zu sagen, daß wir nur einen Verteidigungskrieg führen dürfen, wo bis auf den heutigen Tag das Messer gegen uns gezückt ist, wo trotz Hunderter Angebote, die wir gemacht haben, und unerhörter Zugeständnisse, zu denen wir bereit sind, bis auf den heutigen Tag keine einzige Großmacht mit uns Frieden geschlossen hat, uns das zu sagen heißt die alten Phrasen des kleinbürgerlichen Pazifismus wiederholen, die längst jeden Sinn verloren haben. Wenn wir angesichts solcher uns feindlichen Kräfte, die nach wie vor aktiv sind, schwören sollten, wie man uns vorschlägt, daß wir niemals zu bestimmten Operationen schreiten werden, die in militärisch-strategischer Hinsicht Angriffsoperationen sein könnten, so wären wir nicht nur Dummköpfe, sondern auch Verbrecher.

DOKUMENT 41

Die politische Krise des Kapitalismus – keine Gewähr für raschen Sieg

Rede von Generalsekretär Gorbatschow auf dem XXVII. Parteitag der KPdSU, in: Pravda, 26. 2. 1986.

Die hier vergangene Periode lieferte viele Bestätigungen für die Vertiefung der *allgemeinen Krise des Kapitalismus* ... Unter dem Einfluß und auf dem Hintergrund der wissenschaftlich-technischen Revolution verschärft sich der Konflikt zwischen den gewaltig angewachsenen Produktionsmitteln und dem Privateigentumscharakter der gesellschaftlichen Beziehungen fortlaufend ...

Es ist richtig, daß auch die gegenwärtige Etappe der allgemeinen Krise keine absolute Stagnation des Kapitalismus mit sich bringt und ein mögliches Wachstum seiner Wirtschaft und eine Aneignung neuer wissenschaftlich-technischer Tendenzen nicht ausschließt. Sie „erlaubt" die Aufrechterhaltung konkreter wirtschaftlicher, militärischer, politischer und anderer Positionen und an bestimmten Frontabschnitten sogar die Möglichkeit der sozialen Revanche, der Wiedergewinnung des vorher Verlorenen. Aber der Kapitalismus, der über keine positiven Ziele und Orientierungen verfügt, welche die Interessen der werktätigen Massen zum Ausdruck bringen würden, stößt gegenwärtig auf eine ungewöhnlich starke Verflechtung und wechselseitige Verschärfung aller Gruppen seiner Widersprüche.

DOKUMENT 42

Das System des Westens in zunehmender Bedrängnis

Programm der Kommunistischen Partei der Sowjetunion in der auf dem XXVII. Parteitag angenommenen Neufassung, in: Sowjetunion zu neuen Ufern? Dokumente und Materialien mit einer Einleitung von Gert Meyer, Düsseldorf: Brücken-Verlag, 1986, S. 172f., 186.

Im Stadium des Imperialismus entwickelten sich die materiellen Bedingungen für die Ablösung der kapitalistischen Produktionsverhältnisse durch sozialistische, reifen die objektiven und subjektiven Voraussetzungen für eine siegreiche sozialistische Revolution heran. Die Mission des revolutionären Umgestalters der alten und des Schöpfers der neuen Gesellschaft hat die Geschichte der Arbeiterklasse übertragen. Mit der Erfüllung dieser Mission nimmt sie nicht nur ihre eigenen Klasseninteressen, sondern auch die Interessen aller Werktätigen wahr ...

Je stärker die historische Entwicklung die Positionen des Imperialismus untergräbt, desto feindseliger gegenüber den Interessen der Völker wird die Politik seiner reaktionärsten Kräfte. Der Imperialismus wehrt sich erbittert gegen den gesellschaftlichen Fortschritt und versucht, den Gang der Geschichte aufzuhalten, die Positionen des Sozialismus zu erschüttern und im Weltmaßstab soziale Revanche zu nehmen. Die imperialistischen Mächte sind bemüht, ihre ökonomische, politische und ideologische Strategie zu koordinieren, und versuchen, eine gemeinsame Front zum Kampf gegen den Sozialismus sowie gegen alle revolutionären und Befreiungsbewegungen zu bilden.

Der Imperialismus ist nicht gewillt, den politischen Realitäten in der Welt von heute Rechnung zu tragen. Er mißachtet den Willen souveräner Völker und will sie des Rechtes berauben, selbständig ihren Entwicklungsweg zu wählen. Er bedroht ihre Sicherheit. Darin liegt die Hauptursache für das Entstehen von Konflikten in verschiedenen Regionen der Welt.

DOKUMENT 43

Lenin über die Revolution im westlichen Ausland

Rede auf dem 1. Gesamtrussischen Kongreß der Kriegsflotte (1918), in: W. I. Lenin, Werke, Band 26, Berlin (Ost): Dietz Verlag 1960, S. 341 f.

Jener wütende Haß, den die Bourgeoisie gegen uns, gegen unsere Bewegung für den Frieden an den Tag legt, wird uns nicht aufhalten. Mag sie versuchen, die Völker in ein viertes Jahr des [Ersten Welt-]Krieges gegeneinander zu treiben! Das wird ihr nicht gelingen. Nicht nur bei uns, sondern in allen kriegführenden Ländern reift der Kampf gegen die eigenen imperialistischen Regierungen heran. Sogar in Deutschland, das die Imperialisten jahrzehntelang in ein Heerlager zu verwandeln suchten, wo der ganze Regierungsapparat darauf eingestellt ist, die geringste Äußerung der Volksempörung im Keime zu ersticken, sogar dort ist es bis zum offenen Aufstand in der Flotte gekommen. Man muß wissen, welch unerhörte

Ausmaße die Polizeiwillkür in Deutschland hat, um zu begreifen, welche Bedeutung diesem Aufstand zukommt. Aber die Revolution wird nicht auf Bestellung gemacht; die Revolution geht hervor aus dem Ausbruch der Empörung der Volksmassen. Wenn es so leicht war, mit der Bande solcher kläglichen, schwachsinnigen Kreaturen wie Romanow und Rasputin [in Rußland] fertig zu werden, so ist es unendlich schwieriger, gegen die organisierte und starke Clique der deutschen gekrönten und ungekrönten Imperialisten zu kämpfen. Aber man kann und muß Hand in Hand arbeiten mit der revolutionären Klasse der Werktätigen aller Länder.

VIII. Interdependenz im Ost-West-Verhältnis

DOKUMENT 44

Interdependenz und Kampf

A. N. Jakovlev, Dostiženie kačestvenno novogo sostojanija sovetskogo obščestva i obščestvennye nauki (Erzielung eines qualitativ neuen Zustandes der Sowjetgesellschaft und die Gesellschaftswissenschaften), in: Vestnik Akademii Nauk SSSR, 6/1987, S. 76.

Die Konzeption einer interdependenten Welt und die Notwendigkeit der Zusammenarbeit der gesamten Welt tun dem Problem des ideologischen Wettstreits zwischen Sozialismus und Kapitalismus nicht im mindesten Abbruch. Und an diesem Kampfabschnitt bedürfen wir eines dynamischen Wissenszuwachses. Einen besonderen Platz muß der Kampf mit der bourgeoisen Ideologie einnehmen. Daß dieser Kampf dazu bestimmt ist, größere Dimensionen anzunehmen und sich zu verschärfen, ist seit langem das Axiom.

DOKUMENT 45

Gorbatschows Interdependenzvorstellung in amtlicher Interpretation

Dialektika novogo myšlenija (Die Dialektik des neuen Denkens), in: Kommunist, 18/1987, S. 4, 5, 6f.

Der Autor [Gorbatschow] stützt sich auf die Schlußfolgerungen, die das April-Plenum des ZK (vom April 1985) und der XXVII. Parteitag der KPdSU gezogen haben, und entwickelt das Konzept einer wechselseitig miteinander verbundenen und wechselseitig voneinander abhängigen, einer widersprüchlichen und zugleich ihrem Wesen nach ganzheitlichen Welt unserer Zeit. Nach seinem exemplarischen Ausdruck gleichen die Völker der Welt heute „dem Aufeinander-Angewiesen-sein von Alpinisten an einem Berghang. Sie können entweder miteinander zur Höhe emporsteigen oder zusammen in den Abgrund stürzen." [Das wird zitiert nach M. S. Gorbačëv, Perestrojka i novoe myšlenie dlja našej strany i vsego mira, Moskau: Izd. pol. lit. 1987, S. 142 f.] . . .

Niemand ist in der Lage, die Bedeutung des klassenmäßigen Herangehens [an die politischen Probleme] abzuschaffen – das ist das kleine Einmaleins des Marxismus. Der Klassenkampf war und bleibt der Angelpunkt der gesellschaftlichen Entwicklung in klassenmäßig geteilten Staaten. Gleichzeitig hat das Auftreten der Massenvernichtungswaffen der Klassenkonfrontation in der internationalen Arena eine objektive Grenze gesetzt. Dies bedeutet verständlicherweise keinen Verzicht auf die Klassenanalyse der Gründe für die nukleare Bedrohung, die von den militaristisch gestimmten Kreisen der herrschenden Klasse der führenden Länder des Kapitals ausgeht . . . „Die Logik der sozialen Bewegung unserer Epoche", bemerkte der Generalsekretär des ZK der KPdSU [Gorbatschow], als er auf dem Moskauer Treffen der Vertreter von Parteien und Bewegungen auftrat, „tritt immer mehr hervor. Ihr Wesen liegt in der materiellen und geistigen Selbstdiskreditierung der Ausbeutergesellschaft [des Westens]" . . .

In den Jahrzehnten seit dem Krieg ist der Sozialismus zu einem großen Faktor der Weltpolitik emporgewachsen. Mit der Festigung seiner Positionen verbindet sich unauflöslich die Sache des Fortschritts in der Welt und des Kampfes für die Verhinderung der nuklearen Katastrophe. In historischer Perspektive wird der Sozialismus nach unserer Überzeugung einen entscheidenden Beitrag zur Überwindung der kritischen Punkte leisten, die in der Entwicklung der Zivilisation aufgetreten sind.

DOKUMENT 46

Interdependenz, Frieden, Fortschritt und Verteidigung

V. Serebrjannikov, S učëtom real'nostej jadernogo veka (Unter Berücksichtigung der Realitäten des nuklearen Zeitalters), in: Kommunist vooružënnych sil, 3/1987, S. 11, 13, 14f.

In der militärischen Sphäre hat unser sozialistischer Staat niemals Handlungen unternommen, die eine Gefahr für irgendein Land, ob nun groß oder klein, dargestellt haben, und wird sie auch niemals unternehmen. Das militärische Verteidigungspotential des Sozialismus dient zur Zügelung der Aggressoren und ist das Haupthindernis auf dem Weg der Entfesselung eines neuen Krieges durch den Imperialismus. Die Dialektik lautet hier so: Alles was den Interessen einer zuverlässigen Verteidigung des Sozialismus dient, fördert gleichzeitig die Festigung des Friedens und entspricht den Erfordernissen des Fortschritts der gesamten Menschheit . . .

Die KPdSU und der Sowjetstaat gehen bei der Lösung des Problems von Krieg und Frieden von einem wachsenden wechselseitigen Zusammenhang und einer wachsenden Einheitlichkeit der gegenwärtigen komplizierten, vielgestaltigen und widersprüchlichen Welt aus. „In der Verbindung", so sagte Genosse M. S. Gorbatschow auf dem XXVII. Parteitag der KPdSU, „zwischen dem Wettbewerb, dem Widerstreit beider Systeme und der wachsenden Tendenz zur wechselseitigen Abhängigkeit der Staaten der Weltgemeinschaft liegt die reale Dialektik der gegenwärtigen Entwicklung. Denn auf diese Weise, durch den Kampf der Gegensätze, bildet sich unter Schwierigkeiten und in gewisser Weise tastend eine widersprüchliche, aber wechselseitig voneinander abhängige und in vielem einheitliche Welt heraus." In ihr gibt es keine Alternative zur friedlichen Koexistenz. Die gegenwärtige Welt befindet sich, wie auf dem XXVII. Parteitag der KPdSU unterstrichen worden ist, in einem Prozeß angestrengter Veränderungen, und niemand besitzt die Kraft, darin einen ewigen Status quo aufrechtzuerhalten.

Im nuklearen Zeitalter hat sich die Verbindung der sozialistischen Revolution mit dem Problem von Krieg und Frieden verstärkt, und umgekehrt. Der Verlauf der Lösung dieses Problems wirkt wesentlicher auf die Entwicklung und die Perspektiven sowohl des revolutionären Weltprozesses insgesamt als auch jeder Revolution im einzelnen ein. Das gilt um so mehr, weil der Imperialismus unweigerlich zum Export der Konterrevolution schreitet und die progressiven Veränderungen aufzuhalten strebt. Die allgemeine Gesetzmäßigkeit bleibt die Verteidigung der Revolution . . .

Der Krieg ist nach unserer sozialistischen Überzeugung unzulässig, und wir haben die Verpflichtung auf uns genommen, ihn nicht als erste zu beginnen. Wenn aber der Aggressor angreift, dann werden Antworthandlungen mit entsprechenden Mitteln mehr als nur zulässig. Derartige Handlungen müssen einen äußerst entschiedenen Charakter mit dem Ziel der Zerschlagung des Gegners tragen. Der Lauf des Lebens verpflichtet uns dazu, dazu bereit zu sein, nach allen Regeln der sowjetischen Militärwissenschaft jeglichen Aggressor zu zerschlagen. Entschiedene Handlungen in Beantwortung einer Aggression (eine andere Anwendung von Gewalt erkennen wir nicht an) ist gesetzmäßig und gerecht.

Die sowjetische Militärdoktrin, die nach ihrem sozial-politischen Charakter konsequent defensiv ist, sieht im Falle eines Angriffs auf die UdSSR entschiedene Handlungen zur Vernichtung des Gegners vor.

DOKUMENT 47

Lenins Verständnis der Interdependenz im Klassenkampf

Aufsatz über Karl Marx (1914), in: W. I. Lenin, Werke, Band 21, Berlin (Ost): Dietz Verlag 1960, S. 42f., 46.

In unserer Zeit ist die Idee der Entwicklung, der Evolution, nahezu restlos in das gesellschaftliche Bewußtsein eingegangen, jedoch auf anderen Wegen, nicht über die Philosophie Hegels. Allein in der Formulierung, die ihr Marx und Engels, ausgehend von Hegel, gegeben haben, ist diese Idee viel umfassender, viel inhaltsreicher als die landläufige Evolutionsidee. Eine Entwicklung, die die bereits durchlaufenen Stadien gleichsam noch einmal durchmacht, aber anders, auf höherer Stufe („Negation der Negation"), eine Entwicklung, die nicht geradlinig, sondern sozusagen in der Spirale vor sich geht; eine sprunghafte, mit Katastrophen verbundene, revolutionäre Entwicklung; „Abbrechen der Allmählichkeit"; Umschlagen der Quantität in Qualität; innere Entwicklungsantriebe, ausgelöst durch den Widerspruch, durch den Zusammenprall der verschiedenen Kräfte und Tendenzen, die auf einen gegebenen Körper einwirken oder in den Grenzen einer gegebenen Erscheinung oder innerhalb einer gegebenen Gesellschaft wirksam sind; gegenseitige Abhängigkeit und engster, unzertrennlicher Zusammenhang *aller* Seiten jeder Erscheinung (wobei die Geschichte immer neue Seiten erschließt), ein Zusammenhang, der einen einheitlichen, gesetzmäßigen Weltprozeß der Bewegung ergibt – das sind einige Züge der Dialektik als der (im Vergleich zur üblichen) inhaltsreicheren Entwicklungslehre ...

Daß die Bestrebungen der einen Mitglieder einer gegebenen Gesellschaft den Bestrebungen der anderen zuwiderlaufen, daß das gesellschaftliche Leben voller Widersprüche ist, daß uns die Geschichte den Kampf zwischen Völkern und Gesellschaften wie auch den Kampf innerhalb derselben zeigt, und außerdem noch den Wechsel der Perioden von Revolution und Reaktion, Frieden und Kriegen, Stagnation und schnellem Fortschritt oder Verfall – das sind allgemein bekannte Tatsachen. Der Marxismus gab uns den Leitfaden, der in diesem scheinbaren Labyrinth und Chaos eine Gesetzmäßigkeit zu entdecken erlaubt: die Theorie des Klassenkampfes. Nur die Untersuchung der Gesamtheit der Bestrebungen aller Mitglieder einer gegebenen Gesellschaft oder einer Gruppe von Gesellschaften ermöglicht es, das Resultat dieser Bestrebungen wissenschaftlich zu bestimmen. Der Ursprung der gegensätzlichen Bestrebungen liegt aber in der Verschiedenheit der Lage und der Lebensbedingungen der Klassen, in die jede Gesellschaft zerfällt. „Die Geschichte aller bisherigen Gesellschaft", schreibt Marx im „Kommunistischen Manifest" (mit Ausnahme der Geschichte der ursprünglichen Gemeinwesen, fügt Engels nachträglich hinzu), „ist die Geschichte von Klassenkämpfen. Freier und Sklave, Patrizier und Plebejer, Baron und Leibeigener, Zunftbürger und Gesell, kurz, Unterdrücker und Unterdrückte standen in stetem Gegensatz zueinander, führten einen ununterbrochenen, bald versteckten, bald offenen Kampf, einen Kampf, der jedesmal mit einer revolutionären Umgestaltung der ganzen Gesellschaft endete oder mit dem gemeinsamen Untergang der kämpfenden Klassen.

IX. Die Rolle der innerwestlichen Konflikte im Ost-West-Verhältnis

DOKUMENT 48

Antagonismus auch innerhalb der westlichen Welt

Politischer Bericht des Politbüros an den XXVII. KPdSU-Parteitag, erstattet von Generalsekretär Gorbatschow am 25. Februar 1986, in: Pravda, 26. 2. 1986.

Die zweite Gruppe der Widersprüche sind die inneren Widersprüche der kapitalistischen Welt selbst. Die abgelaufene Periode erbrachte viele Nachweise für eine Vertiefung der allgemeinen Krise des Kapitalismus. Der gegenwärtige Kapitalismus, dessen ausbeuterische Natur sich nicht verändert hat, unterscheidet sich in vielem von dem, was er zu Beginn und sogar in der Mitte des 20. Jahrhunderts war. Unter dem Einfluß und auf dem Hintergrund der wissenschaftlich-technischen Revolution wird der Konflikt zwischen den gigantisch angewachsenen Produktionskräften und dem Privateigentumscharakter der gesellschaftlichen Beziehungen noch schärfer deutlich . . .

Es ist richtig, daß auch die gegenwärtige Etappe der allgemeinen Krise keine absolute Stagnation des Kapitalismus mit sich bringt und die Möglichkeit eines Wachstums seiner Wirtschaft und der Aneignung neuer naturwissenschaftlicher Prinzipien nicht ausschließt. Sie „erlaubt" die Aufrechterhaltung konkreter wirtschaftlicher, militärischer, politischer und anderer Positionen und in gewissen Bereichen sogar die Möglichkeit einer sozialen Revanche, eine Wiedererlangung des vorher Verlorenen. Aber der Kapitalismus, der nicht über positive Ziele und Orientierungen verfügt, welche die Interessen der werktätigen Massen ausdrücken würden, trifft jetzt auf eine bisher unbekannte Verflechtung und Wechselverstärkung aller Gruppen seiner Widersprüche.

DOKUMENT 49

Die Antagonismen im Westen und das Ost-West-Verhältnis

A. Jakovlev, Mežimperialističeskie protivorečija – sovremennyj kontekst (Die zwischenimperialistischen Widersprüche – der gegenwärtige Zusammenhang), in: Kommunist, 17/1987, S. 3 f.

Die Natur des Imperialismus selbst sind Zerwürfnis und unausrottbare Widersprüche der wirtschaftlichen, sozialen und politischen Interessen eigentümlich. Seine Antagonismen lassen sich nicht beseitigen ... Dem Kapitalismus ist es nicht gelungen, sich auch nur von einem der – nennen wir sie einmal traditionellen – Widersprüche zu befreien, die bereits von den Klassikern des Marxismus-Leninismus untersucht worden sind ... Dies bedeutet natürlich nicht, daß auch die Erscheinungsformen dieser Widersprüche ebenfalls unverändert geblieben sind. Die Formen ändern sich zuweilen, und zu Zeiten durchaus wesentlich. Die klassische Strategie des Kapitals ist insbesondere auf den Versuch gerichtet, die Veränderungen der Formen als Veränderungen des Wesens hinzustellen, um auf diese Weise den antimonopolitischen und antiimperialistischen Kampf der Werktätigen zu schwächen ...

Zusammen mit der äußerlichen Veränderung einiger traditioneller Widersprüche des Kapitalismus kommt es zu dem Auftreten von neuen Widersprüchen. Wir wollen nur hervorheben, daß das Auftreten neuer Komplexe und Gruppen von Widersprüchen mit Prozessen doppelter Art verbunden ist. Auf der einen Seite bringt der Kapitalismus, während er sich entwickelt, komplexere Formen annimmt und in neue Stadien seiner Entwicklung und zu einer neuen Oligarchie übergeht, immer kompliziertere Widersprüche, welche die erreichte sozial-wirtschaftliche Qualität zum Ausdruck bringen. Von dieser Art sind beispielsweise die gegenwärtigen Widersprüche zwischen den Zentren des Imperialismus und den sich entwickelnden Staaten, die Objekte der neokolonialistischen Ausbeutung sind.

Auf der anderen Seite stehen zwar nahe dabei, aber doch deutlich davon unterschieden, Widersprüche, welche durch die Politik des staatsmonopolitischen Kapitalismus und durch die Versuche der herrschenden Klasse hervorgebracht werden, auf irgendeine Weise die Schärfe zu mildern und die Widersprüche des traditionellen Typs zu überwinden. In gewissem Umfang haben diese Versuche Erfolg ... Aber solche objektiv begrenzten, wiewohl für den Kapitalismus wichtigen Resultate kommen nicht von selbst zustande und ergeben sich nicht „gratis“. Die für den Kapitalismus in einer Hinsicht positiven Momente werden durch Erschwernisse in anderen Hinsichten wettgemacht . . . Der Imperialismus hat sich heute stärker als jemals zuvor in seinen inneren und zwischenstaatlichen Antagonismen, Erschütterungen und Katastrophen verstrickt . . .

Das Entstehen des Sozialismus, der Kampf für die Verwirklichung seiner Doktrin des Friedens und der friedlichen Koexistenz zwischen Staaten mit unterschiedlicher Gesellschaftsordnung und für die Schaffung eines umfassenden Systems der internationalen Sicherheit sowie die Aktivierung des Vorgehens der Arbeiter- und kommunistischen, der national-befreienden und der allgemein-demokratischen Bewegung – all das fesselt den Imperialismus, erschwert oder paralysiert seine Fähigkeit, die zwischenimperialistischen Widersprüche auf „klassische“, d. h. militärische, Weise mit der Macht der Waffen zu lösen.

Zugleich verstärken diese geschichtlichen Veränderungen den Kosmopolitismus der Bourgeoisie und geben ihrem Streben nach klassenmäßiger Konsolidierung und nach Zusammenfassung der Kräfte im Kampf gegen den Weltsozialismus, gegen die antikapitalistischen und anderen Befreiungsbewegungen Auftrieb . . .

Die siebziger und der Beginn der achtziger Jahre sind gekennzeichnet durch einen qualitativen Aufschwung im Verlauf der allgemeinen Krise des kapitalistischen Weltsystems. Im Vergleich zu der „wohlwollenden“ Konjunktur der sechziger Jahre haben sich die Bedingungen der Produktion im Sinne einer beträchtlichen Komplikation und durch Prozesse der ernstlichen wirtschaftlichen und politischen Destabilisierung des Kapitalismus verändert. Alles das mußte notwendig eine Verschärfung des Konkurrenzkampfes und eine Rivalität der staatlich aufgespaltenen Imperialismen und ihrer Bündnisse herbeiführen und wurde zu einer zusätzlichen Sprengkraft für das Auftreten wirtschaftlicher, sozialer und politischer Widersprüche des Weltkapitalismus.

DOKUMENT 50

Lenin über die Ausnutzung der Konflikte in der westlichen Welt

Rede in der Aktivversammlung der Moskauer Organisation der KPR (B) am 6. Dezember 1920, in: W. I. Lenin, Werke, Band 31, Berlin (Ost): Dietz Verlag 1964, S. 434–436, 438–440, 444–446, 448.

Das Wesentliche in der Frage der Konzessionen [die seit 1920 westlichen Firmen in der Sowjetunion gewährt wurden] ist unter dem Gesichtspunkt politischer Erwägungen die Regel, die wir nicht nur theoretisch erfaßt, sondern auch praktisch angewandt haben und die uns für lange Zeit, bis zum endgültigen Sieg des Sozialismus in der ganzen Welt, die Grundregel bleiben wird, nämlich daß man die Widersprüche und Gegensätze zwischen zwei imperialistischen Mächtegruppen, zwischen zwei kapitalistischen Staatengruppen ausnutzen und sie aufeinander hetzen muß. Solange wir nicht die ganze Welt gewonnen haben, solange wir, wirtschaftlich und militärisch gesehen, noch schwächer sind als die übrige, die kapitalistische Welt, solange haben wir uns an die Regel zu halten, daß man die Widersprüche und Gegensätze zwischen den Imperialisten geschickt ausnutzen muß . . .

[Der Vertrag von] Brest ist dadurch bedeutsam, daß wir es hier zum erstenmal in gigantischem Maßstab, unter unermeßlichen Schwierigkeiten verstanden haben, die Gegensätze zwischen den Imperialisten so auszunutzen, daß zuletzt der Sozialismus dabei gewann. Zur Zeit des Brester Friedens gab es zwei ungeheuer starke Gruppen imperialistischer Räuber: die deutsch-österreichische und die englisch-amerikanisch-französische. Sie lagen in einem erbitterten Kampf gegeneinander, der über die Geschicke der Welt für die nächste Zeit entscheiden sollte. Wenn wir durchgehalten haben, obwohl unsere militärische Stärke gleich Null war, obwohl wir wirtschaftlich nichts aufzuweisen hatten und uns ununterbrochen auf absteigender Linie dem Abgrund des Chaos zu bewegten; wenn wir durchgehalten haben, so geschah dieses Wunder nur, weil wir den Zwist zwischen dem deutschen und dem amerikanischen Imperialismus richtig ausnutzten. Wir machten dem deutschen Imperialismus ein ungeheures Zugeständnis, und dadurch, daß wir der einen imperialistischen Gruppe Zugeständnisse machten, schützten wir uns sogleich vor den Verfolgungen beider imperialistischer Gruppen . . .

Es konnte scheinen, als wäre eine Art Block der ersten sozialistischen Republik mit dem deutschen Imperialismus gegen einen anderen Imperialismus entstanden. Aber wir haben keinerlei Block geschlossen und sind nirgends so weit gegangen, daß die sozialistische Staatsmacht gefährdet oder kompromittiert worden wäre, sondern haben den Zwist zwischen den beiden imperialistischen Gruppen so ausgenutzt, daß zuletzt beide das Spiel verloren . . .

Gibt es in der heutigen kapitalistischen Welt grundlegende Gegensätze, die man ausnutzen muß? Es gibt drei grundlegende Gegensätze, die ich nennen möchte. Der erste Gegensatz, der uns am nächsten angeht, sind die Beziehungen Japans und Amerikas. Ein Krieg bereitet sich zwischen ihnen vor . . . Daß sich ein Krieg vorbereitet, daß er unvermeidlich ist, das steht außer Zweifel. Die Pazifisten wollen diese Frage umgehen, sie mit allgemeinen Phrasen vertuschen, aber für jeden, der die Geschichte der wirtschaftlichen Beziehungen und der Diplomatie studiert, kann es nicht den leisesten Zweifel geben, daß der Krieg wirtschaftlich herangereift ist und politisch vorbereitet wird. . . . Die praktische Aufgabe der kommunistischen Politik besteht darin, diese Feindschaft der Kapitalisten auszunutzen und sie aufeinander zu hetzen. Hier ergibt sich eine neue Situation. Nehmen wir die zwei imperialistischen Länder Japan und Amerika. Sie wollen Krieg führen und sie werden Krieg führen um die Vormachtstellung in der Welt, um das Recht auf Raub . . . Unterstützung des einen Landes gegen das andere wäre natürlich ein Verbrechen am Kommunismus, aber wir Kommunisten müssen das eine Land gegen das andere ausspielen. Begehen wir damit nicht ein Verbrechen am Kommunismus? Nein, denn wir tun das als sozialistischer Staat, der kommunistische Propaganda treibt und der gezwungen ist, jede ihm durch die Umstände geschenkte Stunde zu nutzen, damit er möglichst rasch erstarkt. Wir haben begonnen, stark zu werden, aber wir werden sehr langsam stark. Die wirtschaftliche und militärische Macht Amerikas und anderer kapitalistischer Länder wächst mit verteufelter Schnelligkeit. Wie sehr wir auch unsere Kräfte anstrengen mögen, wir werden unvergleichlich langsamer wachsen . . .

Noch mehr würde uns der Umstand retten, wenn die imperialistischen Mächte sich in einen Krieg verwickelten. Wenn wir gezwungen sind, solche Halunken zu dulden wie die kapitalistischen Diebe, von denen jeder das Messer gegen uns wetzt, so ist es unsere direkte Pflicht, diese Messer gegeneinander zu lenken. Wenn zwei Diebe sich streiten, ist der Ehrliche der lachende Dritte. . . .

Ich habe auf einen Gegensatz zwischen den Imperialisten hingewiesen, den auszunutzen wir verpflichtet sind, auf den Gegensatz zwischen Japan und Amerika. Ein anderer Gegensatz ist der zwischen Amerika und der ganzen übrigen kapitalistischen Welt. Fast die ganze kapitalistische Welt der „Sieger“ hat sich am Krieg ungeheuer bereichert. Amerika ist stark, an

Amerika sind jetzt alle verschuldet, von ihm hängt alles ab. Der Haß gegen Amerika wird immer größer, es plündert alle aus, und zwar auf eine sehr originelle Weise. Es besitzt keine Kolonien. England ist aus dem Kriege mit riesigen Kolonien hervorgegangen, Frankreich ebenfalls. England bot Amerika das Mandat über eine der zusammengeraubten Kolonien an – heute nennt man das so –, aber Amerika lehnte ab. Die amerikanischen Geschäftsleute urteilen offenbar anders. Sie sahen, daß der Krieg sowohl in bezug auf die Verelendung als auch in bezug auf die Stimmung der Arbeiter eine ganz bestimmte Rolle spielt, und kamen zu der Schlußfolgerung, daß die Übernahme eines Mandats für sie nicht vorteilhaft sei. Aber sie werden es natürlich nicht zulassen, daß andere Staaten diese Kolonie ausnutzen. Die ganze bürgerliche Literatur zeugt vom Anwachsen des Hasses gegen Amerika, in Amerika aber mehren sich die Stimmen für den Abschluß eines Abkommens mit Rußland . . .

Der dritte Gegensatz ist der Gegensatz zwischen der Entente [den Westmächten] und Deutschland. Deutschland ist besiegt, vom Versailler Vertrag erdrückt, es verfügt aber über ungeheure ökonomische Möglichkeiten. Deutschland ist seiner wirtschaftlichen Entwicklung nach das zweite Land der Welt, wenn man Amerika als das erste betrachtet. Fachleute behaupten sogar, daß die Elektroindustrie Deutschlands höher steht als die Amerikas. Und Sie wissen, was für eine gewaltige Bedeutung die Elektroindustrie hat. Was den Umfang der Anwendung der Elektrizität betrifft, so steht Amerika höher; was die technische Vollendung betrifft, Deutschland. Und einem solchen Land hat man den Versailler Vertrag aufgezwungen, der ihm die Existenz unmöglich macht. Deutschland ist eines der stärksten und fortgeschrittensten kapitalistischen Länder; es kann den Versailler Vertrag nicht ertragen und muß sich nach einem Verbündeten gegen den Weltimperialismus umsehen, obwohl es selbst ein imperialistisches Land ist, das jedoch niedergehalten wird.

Das sind die drei Verflechtungen, die das ganze Spiel der Imperialisten hoffnungslos verwirren. Das ist der Kern des Ganzen . . .

In der Tat treten wir jetzt nicht nur als Vertreter der Proletarierer aller Länder auf, sondern auch als Vertreter der unterdrückten Völker . . . Ein Genosse hat hier gefragt: „Wann hat das Exekutivkomitee eigentlich beschlossen, daß die Losungen geändert werden?“ Ich kann mich dessen wirklich nicht entsinnen. Wenn man vom Wortlaut des „Kommunistischen Manifests“ ausgeht, so ist das natürlich nicht richtig, aber das „Kommunistische Manifest“ ist unter ganz anderen Verhältnissen geschrieben worden. Vom Standpunkt der gegenwärtigen Politik ist es jedoch richtig. Die Verhältnisse haben sich zugespitzt. In ganz Deutschland gärt es, in ganz Asien gärt es.

X. Die Dialektik von Klassenstandpunkt und allgemeinmenschlichem Interesse

DOKUMENT 51

Vorrang des Allgemeinmenschlichen vor dem Klassenmäßigen laut Lenin

M. Gorbačev, Vremja trebuet novogo myšlenija (Die Zeit erfordert ein neues Denken), in: Kommunist, 16/1986, S. 11 f.

Offensichtlich haben sich die Anwesenden über das informiert, was auf unserem Parteitag zu diesen Fragen [d. h. zu den globalen Problemen] gesagt worden ist. Dort haben wir versucht, nicht nur unsere Probleme zu erörtern, sondern auch die ganze Welt im Blick zu haben, die Welt mit ihren Verknüpfungen und Abhängigkeiten und auch Widersprüchen, die aber gleichwohl ein unteilbares Ganzes darstellt. Dieser Gedanke stammt von Lenin. Es ist sicherlich keine Neuigkeit, daß ich Lenin lese und immer wieder lese. Für Sie wird das kein großes Geheimnis sein.

Was aber geschieht, wenn wir nicht in der Lage sind, die über unserem [allgemein-]menschlichen Haus schwebende atomare Bedrohung abzuwenden? Wenn dies geschähe, dann gäbe es keine Möglichkeit mehr, die Fehler zu korrigieren. Jetzt ist tatsächlich jener kritische Zeitpunkt in der Geschichte eingetreten, da die tödliche Gefahr offenbar nur mit gemeinsamer Kraft abgewendet werden kann.

W. I. Lenin sprach seinerzeit einen überaus tiefsinnigen Gedanken aus, den Gedanken von der Priorität der Interessen der gesellschaftlichen Entwicklung, der allgemeinmenschlichen Werte vor den Interessen der einen oder anderen Klasse. Heute, im Zeitalter der Atomraketen, stellt sich die Bedeutung dieser Worte besonders scharf. Und es wäre sehr zu wünschen, daß auch im anderen Teil der Welt die These von der Priorität der allgemeinmenschlichen Werte vor allen anderen Werten, denen die einen oder anderen Menschen anhängen, verstanden und übernommen würde.

DOKUMENT 52

Fortentwicklung des Leninschen Interdependenzkonzepts zur Lehre von der Wahrnahme der allgemeinmenschlichen Interessen durch den Sozialismus

M. P. Mčedlov, Socializm – stanovlenie novogo tipa civilizacii (Der Sozialismus ist das Entstehen eines neuen Zivilisationstyps), Moskau: Izd. pol. lit. 1980, S. 11, 14, 102, 103f.

Die wichtigste Voraussetzung beim Aufzeigen der Besonderheiten des neuen historischen Zivilisationstyps und seiner Rolle beim Fortschritt der gesamten Menschheit sind die Analyse der Natur und des Niveaus des sozialen Fortschritts und des in der neuen Gesellschaft erreichten Niveaus der materiellen und geistigen Kultur, ihr Vergleich mit den allgemeinmenschlichen Werten und das Sichtbarmachen ihres Stellenwerts in der ganzheitlichen und schrittweisen Bewegung der Weltgeschichte. Gerade dieser Ansatz gestattet es, überzeugend darzulegen, daß die konsequente Realisierung der proletarischen, sozialistischen Prinzipien und Ideale eine zuverlässige soziale Nachfolge und eine kontinuierliche Entwicklung aller allgemeinmenschlichen Kulturreichtümer und Werte und aller Errungenschaften der Arbeit und des Verstandes der Menschheit garantiert. Und nur der Sozialismus ist in der Lage, in der Praxis in jedem Land die nationalen Interessen am meisten und am besten auszudrücken, ebenso wie weltweit die Interessen der progressiven Entwicklung der Menschheit insgesamt . . .

Im Sozialismus haben die in einer langwierigen und komplizierten Bewegung der Weltgeschichte hervorgetretenen allgemeinmenschlichen Werte einen neuen Klang bekommen. Und seine spezifischen sozialen Errungenschaften und kulturellen Werte, die für die bürgerliche Zivilisation prinzipiell unerreichbar sind, entsprechen in vollem Maße den Bedürfnissen des Menschen . . . Dies alles führt, wie schon gesagt, auch zu einigen allgemeineren Überlegungen über den Stellenwert und die Rolle der neuen Ordnung in der Weltzivilisation und darüber, daß deren Schicksal heute nicht von den Erfolgen des kommunistischen Aufbaus zu trennen ist, und daß es in zunehmendem Maße von der sich immer weiter festigenden sozialistischen Gemeinschaft beeinflußt wird . . .

Das Allgemeinmenschliche – das sind diejenigen Faktoren und Voraussetzungen und diejenigen Werte, die tatsächlich zur weiteren Entwicklung und Festigung der Einheit der Menschheit beitragen, selbst dann, wenn diese Werte nicht von allgemein anerkannter Art sind. Eben deshalb ist es nicht legitim, das Allgemeinmenschliche und das Klassenbezogene, das Allgemeinhistorische und das auf eine spezifische Formation [d. h. Gesellschaftsordnung] Bezogene einander absolut und metaphysisch gegenüberzustellen. Eben deshalb läßt sich die dialektische Einheit des Allgemeinmenschlichen und des Sozialistischen nicht nur in dem erkennen, was für den Sozialismus und die vorausgegangenen (und koexistierenden) Formationen gemeinsam ist, sondern auch darin, was ihre spezifischen Besonderheiten ausmacht, darunter auch solche, die im Verlauf der nachfolgenden Menschheitsentwicklung überwunden werden, aber heute noch vor allem und am besten die Interessen der Menschheit ausdrücken . . .

Die Realisierung der humanistischen Mission der Arbeiterklasse, die sich an die Spitze des Kampfes um die Beseitigung aller Formen der Versklavung und für die freie Entwicklung der Völker gestellt hat, bildet die Grundlage für die Identität ihrer Klasseninteressen mit den Interessen der

Werktätigen, der Volksmassen. Das Aufzeigen der Einheit der Interessen der Arbeiterklasse mit den allgemeinmenschlichen Interessen und des Zusammenhanges zwischen der historischen Mission der Arbeiterklasse und der Zukunft der Menschheit finden wir schon in den ersten Arbeiten der Begründer des wissenschaftlichen Sozialismus.

DOKUMENT 53

Konvergenz von Klassen- und Menschheitsinteresse

S. Beglov, Novoe političeskoe myšlenie i real'nosti sovremennojèpochi (Das neue politische Denken und die Realitäten der gegenwärtigen Epoche), in: Meždunarodnaja žizn', 10/1987, S. 3f., 10.

Was die außenpolitische Strategie der KPdSU und des Sowjetstaates anbelangt, wie sie in den theoretischen Verallgemeinerungen und Schlußfolgerungen des XXVII. Parteitages formuliert worden ist, so gründet sich das neue Denken auf eine komplexe Analyse des gesamten Systems der sozialen Widersprüche in der Welt – der Widersprüche zwischen den Staaten beider Systeme, der inneren Antagonismen der kapitalistischen Welt und ebenso der globalen, allgemeinmenschlichen Probleme, welche die Grundlagen der Existenz der Zivilisation schlechthin berühren.

Eine der zentralen Schlußfolgerungen unserer Partei besteht darin, daß die Realdialektik der Entwicklung der gegenwärtigen Welt durch die Verbindung der Konkurrenz, des Widerstreits beider Systeme einerseits mit der wachsenden Tendenz zur Interdependenz der Staaten der Weltgesellschaft andererseits bestimmt wird. Das Gesetz der Einheit und des Kampfes der Gegensätze wirkt nicht nur auf dem Feld der Gesellschaften und der Klassen weiter, sondern entfaltet sich auch in einer globalen, allgemeinmenschlichen Dimension.

Der eine Problemkomplex der gegenwärtigen Entwicklung ergibt sich aus der allgemeinen Krise des Kapitalismus, der andere aus der Krise der Zivilisation. Beide lassen sich nicht voneinander trennen. Der Imperialismus, der beständig räuberische Kriege und das Wettrüsten hervorbringt, indem er den wissenschaftlichen Geist auf immer gefährlichere Massenvernichtungswaffen richtet und die Natur in räuberischer Weise ausplündert, verschärft auf diese Weise die Gesamtheit der globalen Probleme. Im sozialen Bereich bleibt der grundlegende Widerspruch der Epoche wie bisher der Widerspruch zwischen Sozialismus und Kapitalismus. Der Sozialismus ist zum Weltsystem geworden. Keiner hat mehr die Möglichkeit, den Kampf der Ideen und die Konkurrenz der Lebensweisen [zwischen beiden Systemen] anzuhalten. Siegreiche Revolutionen der nationalen Befreiung haben Dutzende neuer unabhängiger Staaten der sich entwickelnden Welt auf die Bühne des internationalen Lebens gebracht. Das Anwachsen scharfer sozialer Widersprüche innerhalb des Kapitalismus und an seiner früheren kolonialen Peripherie setzt sich fort. Aber die Versuche des Imperialismus, diese Veränderungen mittels einer Politik der Stärke und der sozialen Revanche – also mit Methoden, die von der Steinzeit oder zumindest von der vornuklearen Ära ererbt worden sind – aufzuhalten, verstärken den explosiven Charakter der angesammelten Probleme nur noch mehr.

Im Verlauf der Stärkung seines materiellen Potentials und seines politischen Einflusses in der Welt hat der Sozialismus bereits nicht wenig zur Beschränkung der Willkür des Imperialismus und zur Eindämmung seiner aggressiv-expansionistischen Bestrebungen geleistet . . .

Zusammen mit der Frage, die sich angesichts der Konkurrenz zwischen den beiden Produktionsweisen [Sozialismus und Kapitalismus] verbindet, wird das „Wer" [besiegt] wen?" zur Frage der weiteren Existenz der Menschheit: „Sein oder Nichtsein". Kürzer gesagt, zum gemeinsamen Nenner aller Realitäten der nuklear-kosmischen Epoche ist der grundlegende Tatbestand geworden, daß die Menschheit vor dem Problem ihres Überlebens steht. Der Sozialismus ist aufgrund seiner Natur dazu berufen, den Kampf für die Errettung der Menschheit anzuführen, was es ihm wesentlich erlaubt, seine humanistische Mission der Erneuerung der Welt zu entfalten. Dadurch tritt das Proletariat [das von der UdSSR repräsentiert wird] aus den Grenzen seiner eigenen Interessen heraus und hebt alle dazu fähigen Kräfte auf die Ebene des Verständnisses der allgemeinmenschlichen Aufgaben . . .

Durch das Prisma der für die Menschheit unakzeptablen nuklearen Bedrohung erhalten einige traditionelle militärstrategische Postulate, Konzeptionen und Doktrinen ein anderes Aussehen. Nehmen wir z. B. die Formel von Clausewitz: Der Krieg ist die Fortsetzung der Politik mit anderen Mitteln. Insgesamt gibt sie einen der Ursachenzusammenhänge im Mechanismus der zwischenstaatlichen Beziehungen der vornuklearen Epoche richtig wieder. W. I. Lenin war, wie bekannt ist, der Meinung, daß sie mit dem historisch-materialistischen Ansatz für die Analyse der gesellschaftlichen Prozesse übereinstimmt. Gleichzeitig jedoch erlaubte ihm die Scharfsichtigkeit der leninistischen Sicht der Veränderungen, die sich nicht nur im sozialen, sondern auch im wissenschaftlich-technischen Bereich anbahnten, die Schlußfolgerung zu ziehen, daß die Entwicklung der Militärtechnik zur Unterminierung der Voraussetzungen für die Existenz der menschlichen Gesellschaft überhaupt und dazu führen könne, daß „der Krieg so vernichtend werden wird, daß er keine Möglichkeit mehr darstellt".

W. I. Lenin entlarvte unablässig den Imperialismus als Quelle und Erzeuger des Militarismus, des Wettrüstens, der Gewalt und der Kriege. Und zugleich rief er mit der gleichen Konsequenz dazu auf, „den Völkern zu helfen, sich in die Probleme von Krieg und Frieden einzumischen" und „die Sache des Friedens zu Ende zu führen" . . .

Auch gegenwärtig hat sich die Natur des Imperialismus nicht geändert: Die Politik der Stärke und die räuberischen Kriege sind in seinen „sozialen Genen" begründet. In dem politischen Denken der ultrakonservativen Kreise des Westens hat das Ziel, den Sozialismus „abzuschrecken" oder „zurückzuwerfen" – und nicht das Streben zur Abschreckung des Krieges –, Vorrang . . .

DOKUMENT 54

Allgemeinmenschliche Werte und parteilich-klassenmäßiges Herangehen

V. Afanas'ev, O novom političeskom myšlenii (Über das neue politische Denken), in: Pravda, 5. 12. 1986.

Sein oder Nichtsein der Menschheit – das ist überhaupt keine Hamletsche Frage. Wie ist das Problem des Friedens und des Krieges zum Wohle der Welt zu lösen? Wie ist der Frieden zu bewahren und der Fortschritt der Gesellschaft und des Menschen sicherzustellen? Das sind keine einfachen Fragen.

Zur Beantwortung dieser Fragen taugt das frühere „voratomare", „vorkosmische" Denken in der Politik nicht. Hier ist ein neues politisches Denken notwendig, das den heutigen historischen Bedingungen entspricht.

An der Quelle dieses Denkens steht W. I. Lenin. Seine Grundlage ist das Leninsche Prinzip der friedlichen Koexistenz von Staaten mit unterschiedlicher sozialer Ordnung. Lenin war fest davon überzeugt, daß der Sozialismus sich früher oder später auf der ganzen Welt durchsetzt. Aber dieser Sieg kann nicht plötzlich und gleichzeitig in allen Ländern stattfinden. In Abhängigkeit vom Niveau der wirtschaftlichen Entwicklung, von der

Schärfe des Klassenkampfes, der Wechselbeziehung der sozialen Kräfte und auch anderen Bedingungen gelangen einige Länder früher zum Sozialismus als andere . . .

Die Geschichte selbst hat vor die Theorie und Praxis eine grundlegende Aufgabe gestellt: Wie der Frieden zu bewahren, ein atomares Inferno zu verhüten ist, wie man, ohne die Augen vor sozialen, politischen und ideologischen Widersprüchen zu verschließen, die Wissenschaft und Kunst beherrscht, sich umsichtig und zurückhaltend auf internationalem Gebiet zu verhalten und zivilisiert [miteinander] zu leben . . . Gerade diese Frage beantwortet die Konzeption des neuen politischen Denkens . . .

Die KPdSU gibt den allgemeinmenschlichen Werten, dem menschlichen Leben Vorrang und verteidigt eine gewaltlose Welt. Sie verneint aber keineswegs den partei- und klassenmäßigen Ansatz bezüglich gesellschaftlicher Prozesse und Kriege. Das Hauptziel der KPdSU ist und bleibt das Endziel der Arbeiterklasse – der Aufbau des Kommunismus. Die KPdSU unterstützt die internationalen Arbeiter-, die kommunistischen und nationalen Befreiungsbewegungen und führt einen unversöhnlichen Kampf gegen ihren Klassenfeind.

Marxisten sind keine Pazifisten. Sie betrachten gerechte Befreiungs- und Verteidigungskriege als natürlich und gesetzmäßig.

Ihre praktischen Angelegenheiten in der internationalen Politik betreiben die KPdSU und der sowjetische Staat, streng geleitet von den Prinzipien des neuen politischen Denkens. Die Bewahrung und Sicherung des Friedens, die Verringerung und anschließende vollständige Beseitigung atomarer und anderer Massenvernichtungswaffen – das ist ihre hauptsächliche außenpolitische Aufgabe. Anders kann es auch nicht sein. Der Frieden ist eben das Ideal des Sozialismus, wie es W. I. Lenin sagte.*

* s. Dokument 116

DOKUMENT 55

Das Allgemeinmenschliche – von der UdSSR verfochten und vom Westen abgelehnt

Dmitrij Lužkov, Trudnye uroki novogo myšlenija (Schwierige Lehren des neuen Denkens), in: Sovetskaja Rossija, 9. Januar 1987.

Nein, wir fordern natürlich nicht von Menschen, die dem Kommunismus fernstehen und feindlich sind, ein Verständnis dessen, daß unsere Friedensliebe ein direktes Ergebnis unserer Ordnung, der Idee des Oktober [1917] ist. Aber wir können zu Recht darauf hoffen, daß das Gefühl des gesunden Menschenverstandes, dessen sich die Amerikaner rühmen, und auch ganz einfach der Instinkt der Selbstbewahrung für die westlichen Politiker stärker ist als Klassenvorurteile und die Abhängigkeit von den Profiten des militärisch-industriellen Komplexes . . .

Unser neues Denken besteht darin, daß wir die allgemeinmenschlichen Werte (deren größter der Frieden ist) höher als die klassenmäßigen stellen. Zu einem derartigen Verständnis war der Westen in Gestalt seiner offiziellen Vertreter einfach nicht bereit. Die kürzlichen Reden von Reagan, Thatcher und Kohl sind ein Musterbeispiel dafür, wie Klassenblindheit und Klassenhaß die Augen trüben und die Realität zu sehen hindern.

DOKUMENT 56

Allgemeinmenschliche Ideale nach Maßgabe des Klasseninteresses

Ansprache des Politbüromitglieds und Außenministers, E. A. Schewardnadse, am 3. Mai 1987 vor den Diplomaten seines Ministeriums, wiedergegeben in: Vestnik Ministerstva inostrannych del SSSR, Nr. 1, 5. 8. 1987, S. 18, 19.

Das Ministerium für Auswärtige Angelegenheiten war und bleibt ein in höchsten Maße parteiliches, ideologisch reines, klar organisiertes und arbeitsfähiges Organ der Sowjetmacht . . .

Wir brauchen dringend eine geschlossene und differenzierte Konzeption von der gegenwärtigen Welt. Eine Konzeption, die durch und durch sowie ihrem Wesen nach marxistisch-leninistisch ist und überzeugende Klassenargumente für die Richtigkeit der These vom Frieden als dem höchsten Wert und für die Richtigkeit der friedlichen Koexistenz als universales Prinzip des zwischenstaatlichen Umgangs miteinander in der gegenwärtigen Epoche vorlegt.

In dieser Theorie darf es nach unserer Ansicht keine trennenden Grenzen zwischen dem Proletarischen und dem Allgemeinmenschlichen geben. Sie muß die Einheit der Interessen der Menschheit, die Gemeinsamkeit ihrer Ziele und Ideale zum Ausdruck bringen: Überleben, Verhinderung der Nuklearkatastrophe und Rettung der Weltzivilisation – Ideale, als deren Vorkämpfer der Sozialismus eintritt.

Diese Konzeption ist dazu berufen, folgende Gesetzmäßigkeit zum Ausdruck zu bringen: Unsere Klasseninteressen bestimmen den Kampf für die allgemeinmenschlichen Ideale . . .

Vor allem zieht die Tatsache Aufmerksamkeit auf sich, daß nicht nur die Massenhaftigkeit, sondern auch die Zielstrebigkeit des Kampfes um die internationale Sicherheit in dem Maße zunimmt, wie die Konzeption der kernwaffenfreien Welt immer konkretere Züge in den Initiativen der Sowjetunion und der anderen friedliebenden Staaten und Gesellschaftsbewegungen annimmt, und Washington und seine NATO-Verbündeten ihre Kampagne über den angeblich „friedensstiftenden Charakter" der Politik der nuklearen Erpressung entfalten . . .

Die Klassenantagonismen der gegenwärtigen Welt und die ideell-politische Wasserscheide in den kapitalistischen Ländern verlaufen vor allem zwischen der „Partei des Krieges" und der „Partei des Friedens", zwischen den Kräften des Militarismus und der gewaltigen Mehrheit der Bevölkerung, die verschiedene soziale Gruppierungen repräsentieren, die gemeinsam für die Verhütung der Katastrophe und für die Abrüstung eintreten . . .

DOKUMENT 57

Lösung der globalen Probleme durch Klassenpolitik

V. V. Zagladin, Programmnye celi KPSS i global'nye problemy (Die Programmziele der KPdSU und die globalen Probleme [amtliche Erläuterungen zum KPdSU-Programm, das auf dem bevorstehenden XXVII. Parteitag zur Annahme anstand]), in: Voprosy istorii, 2/1986, S. 3, 5, 6, 7.

Im Entwurf der neuen Fassung des Programms der KPdSU wird breiter Raum jener sozialen Erscheinung eingeräumt, die man globale Probleme zu nennen akzeptiert hat. Es handelt sich um Probleme, welche die Interessen aller Völker berühren und ihre angespannte Aufmerksamkeit und einvernehmlichen Anstrengungen erfordern. Um Probleme, deren Ungelöstheit oder Lösungsverzögerung eine Bedrohung für die Zukunft der Menschen auf der Erde schafft (oder schaffen kann) . . .

Es genügt, an freilich nur einige durchaus vielsagende Fakten zu erinnern. Die Kriegsgefahr hat in unserer Zeit einen äußerst ernsthaften Charakter angenommen. Die Wissenschaftler verschiedener Länder, darunter auch unseres Landes, haben die möglichen Folgen eines nuklearen Konflikts gründlich untersucht . . . Aber das Wettrüsten geht weiter . . . Die offenkundige generelle Schlußfolgerung lautet, daß von der Lösung der globalen Probleme faktisch die Zukunft der Menschheit insgesamt und jedes Volkes im einzelnen abhängt. Davon ausgehend, wird in dem Entwurf der neuen Fassung des Programms der KPdSU darauf hingewiesen, daß die Gelehrten unseres Landes auf die Fragen globalen Maßstabs richtige Antworten geben müssen . . . Es geht zweitens um die Entwicklung der Gesellschaft, die sich in den dem Sozialismus vorangehenden Stadien der antagonistischen Formationen durch die Dominanz ausbeuterischer gesellschaftlicher Beziehungen charakterisiert. Und für diese ist ein räuberisches Verhältnis sowohl gegenüber der Natur als auch gegenüber dem Menschen eigentümlich . . . Daraus folgt, daß das System der globalen Probleme sozusagen einen sozio-natürlichen Charakter hat . . .

Die Schlußfolgerung, daß die globalen Probleme Systemcharakter besitzen, wird von der Praxis uneingeschränkt unterstützt, die bereits jetzt mit hinreichender Deutlichkeit gezeigt hat: Alle Probleme, die tatsächlich global geworden sind, sind eng miteinander verknüpft und wirken aufeinander ein. Das drückt sich darin aus, daß die Verschärfung der einen unausweichlich eine Verschärfung der anderen hervorbringt. So verstärkt beispielsweise die Vergrößerung der militärischen Gefahr und des Wettrüstens unausweichlich die Rohstoff-, Energie-, Ökologie- und sonstigen Probleme . . .

Das Wesen [der globalen Probleme] wird von den grundlegenden Prinzipien der marxistischen Philosophie enthüllt. Allerdings hat man sich . . . nicht selten zu diesen Prinzipien in unserer Literatur in der jüngsten Vergangenheit wie zu irgendeiner Abstraktion verhalten. Der praktische Akzent lag immer nicht auf den allgemeinmenschlichen, sondern auf den sozial-klassenmäßigen Aspekten. Das hat unzweifelhaft kapitale Gründe für sich. Es ist jedoch schlecht, daß dabei oft die reale Dialektik der Wechselbeziehungen zwischen beidem ignoriert wurde.

Tatsächlich jedoch ist die Lösung der sozialen Probleme, der klassenmäßigen Probleme in jeder Etappe der Entwicklung der Gesellschaft nichts anderes als ein Schritt zur Lösung der allgemein-menschlichen Probleme. Was aber die jetzige Etappe des sozial-klassenmäßigen Kampfes anbelangt, d. h. vor allem des revolutionären Kampfes der Arbeiterklasse, so muß man sagen, daß er in seinem Wesen die Etappe der geschichtlichen Entwicklung repräsentiert, die, indem sie die Probleme der Arbeiterklasse selbst löst, zugleich den Weg auch zu der Lösung der Probleme öffnet, welche die Geschicke der gesamten Menschheit betreffen.

DOKUMENT 58

Der allgemeinmenschliche Aspekt des antiwestlichen Klassenkampfes

Krupnejšee dostiženie sovremennoj marksistko-leninskoj mysli (Die größte Errungenschaft des gegenwärtigen marxistisch-leninistischen Denkens), in: Kommunist, 6/1986, S. 12f.

Die Begründung und Entwicklung der konzeptionellen Grundlage der Strategie zur Lösung der globalen Probleme ist das Verdienst unserer Partei und ihr bedeutsamer Weg zur Theorie. Sie beruht auf der marxistisch-leninistischen Vorstellung des Wesens und der Bedeutung dieser Probleme, wobei ihre sozialen, wissenschaftlichen und humanistischen Aspekte organisch miteinander verbunden werden. Im Gegensatz zu den bourgeois-reformistischen Auffassungen lehnt die marxistisch-leninistische Konzeption der globalen Probleme deren Deutung als „über den Sozial- und Klassenverhältnissen stehend" ab und zeigt ihre Rolle in dem gegenwärtigen Widerstreit von Sozialismus und Kapitalismus sowie bei der Festigung der Koexistenz und der Zusammenarbeit zwischen den zu verschiedenen sozialen Systemen gehörenden Staaten auf.

Die verschiedenen Kategorien zuzuordnenden Gruppen der Widersprüche in der gegenwärtigen Welt, die auf dem XXVII. Parteitag der KPdSU analysiert worden sind, zeigen eine offenkundige Tendenz zur organischen Verflechtung miteinander, zur dialektischen Wechselwirkung und zur Einheit. Wie in den Dokumenten des Parteitages aufgezeigt worden ist, füllen sich die Widersprüche, die von Klassenursachen und von der sozialen Disparität unserer Welt hervorgebracht worden sind, immer mehr mit allgemeinmenschlichem Gehalt und beginnen, die Geschicke der gesamten Zivilisation stärker zu berühren. Das Streben des Imperialismus, die Fragen der Wechselbeziehungen zwischen den Staaten beider Systeme mit Hilfe von Gewalt zu regeln, die erbarmungslose Ausplünderung der Entwicklungsländer Asiens, Afrikas und Lateinamerikas durch ihn, deren Verwandlung in eine gigantische Zone des Hungers, der Armut und Zurückgebliebenheit und die offene Mißachtung der nationalen Interessen und der Souveränität nicht nur der sich befreienden, sondern auch vieler entwickelter kapitalistischer Staaten durch die transnationalen Supermonopole [die Multis] verbreitern den Abgrund zwischen dem Imperialismus und der Mehrheit der Bevölkerung des Planeten immer mehr. Eben aus diesem Grund nehmen die hier entstehenden Probleme immer mehr eine planetarische Dimension an und werden zur Grundlage, auf der sich die überwältigende Mehrheit der Menschheit im Kampf gegen den Imperialismus, für Frieden und gesellschaftlichen Fortschritt versammelt.

DOKUMENT 59

Organischer Zusammenhang zwischen den allgemeinmenschlichen Problemen und den revolutionären Kampfprinzipien

N. Kapčenko, Političeskaja filosofija v raketno-jadernyj vek (Die politische Philosophie im Zeitalter der Raketen und Kernwaffen), in: Meždunarodnaja žizn', 2/1987, S. 19.

Es ist vollkommen offensichtlich, daß die Kräfte des Militarismus und der Reaktion ohne mächtigen Druck von seiten breitester Volksmassen ihre Positionen freiwillig nicht aufgeben und ihre Politik der Stärke nicht an das Archiv der Geschichte weiterleiten. Aus diesem Grund ist es außerordentlich wichtig, den organischen Zusammenhang unseres Herangehens an die Schlüsselprobleme der Weltpolitik mit den revolutionären Prinzipien und Traditionen des Kampfes der Arbeiterklasse für den Frieden und die Sicherheit der Völker, gegen den Militarismus und Kolonialismus, den Zusammenhang mit den Traditionen des Kampfes der besten Geister der Menschheit gegen Krieg und Kriegsgefahr zu betonen.

DOKUMENT 60

Lenin über den Krieg als Unterminierung der Bedingungen menschlicher Existenz

Referat auf der Gemeinsamen Sitzung des Gesamtrussischen Zentralen Exekutivkomitees und des Moskauer Sowjet (1918), in: W. I. Lenin, Werke, Band 27, Berlin (Ost): Dietz Verlag 1960, S. 420f.

Schon viele Jahre vor dem Krieg haben die Sozialisten aller Länder darauf hingewiesen und auf ihren Kongressen feierlich erklärt, daß ein Krieg zwischen fortgeschrittenen Ländern nicht nur das größte Verbrechen wäre, daß dieser Krieg um die Aufteilung der Kolonien, um die Teilung der Beute der Kapitalisten nicht nur den völligen Bruch mit den Errungenschaften modernster Zivilisation und Kultur bedeuten wird, sondern daß er auch zur Untergrabung der Existenzbedingungen der menschlichen Gesellschaft führen kann und unweigerlich führen wird. Denn zum erstenmal in der Geschichte werden die gewaltigsten Errungenschaften der Technik in solchen Ausmaßen, so zerstörerisch und mit solcher Energie zur Massenvernichtung von Millionen Menschenleben verwendet. Bei solchem Einsatz aller Produktionsmittel im Dienste des Krieges sehen wir, daß die bitterste Prophezeiung in Erfüllung geht, und daß Verwilderung, Hungersnot und vollständiger Verfall aller Produktivkräfte eine immer größer und größer werdende Zahl von Menschen erfassen.

Mir fällt deshalb ein, wie recht einer der großen Begründer des wissenschaftlichen Sozialismus, Engels, hatte, als er 1887 schrieb, der europäische Krieg werde nicht nur dazu führen, daß die Kronen, wie er sich ausdrückte, zu Dutzenden von den gekrönten Häuptern rollen werden, und niemand sich finden wird, der sie aufhebt, sondern daß dieser Krieg auch eine unerhörte Vertierung, Verwilderung und Rückständigkeit ganz Europas nach sich ziehen wird, zugleich aber der Krieg entweder die Herrschaft der Arbeiterklasse nach sich ziehen oder die Bedingungen herstellen werde, die diese Herrschaft unvermeidlich machen. Der Mitbegründer des Marxismus drückte sich hier doppelt vorsichtig aus, denn er sah klar, daß es zum Zusammenbruch des Kapitalismus, zur Ausbreitung des Sozialismus führen wird, wenn die Geschichte diesen Weg einschlägt, daß man sich jedoch einen qualvolleren, schwereren Übergang, eine schlimmere Not, eine härtere, alle Produktivkräfte untergrabende Krise überhaupt nicht vorstellen kann.

DOKUMENT 61

Lenin über die zukünftige Gefahr einer Vernichtung der Menschheit durch Krieg

N. K. Krupskaja, Das ist Lenin. Eine Sammlung ausgewählter Reden und Artikel (hier: Erinnerung der Ehefrau und Kampfgefährtin Krupskaja), Berlin (Ost): Dietz Verlag 1966, S. 67 f.

Man muß sagen, daß Wladimir Iljitsch [Lenin] es manchmal liebte, in die Ferne zu blicken und von der Zukunft zu träumen. Ich erinnere mich eines Gesprächs über den Krieg. Es war Anfang 1918 in Leningrad. Wladimir Iljitsch sagte, durch die moderne Technik werde der Krieg immer verheerender. Doch werde die Zeit kommen, in der der Krieg solche Zerstörungskraft erlangt, daß er überhaupt unmöglich wird. Später, in den Jahren 1920 und 1921, kehrte Wladimir Iljitsch zu dieser Frage zurück. Er erzählte mir von einer Aussprache mit einem Ingenieur, der behauptet hatte, es stehe eine Erfindung bevor, die es ermögliche, auf weite Entfernung eine große Armee zu vernichten. Das werde jeden Krieg unmöglich machen. Iljitsch sprach davon mit lebhaftem Interesse.

XI. Friedliche Koexistenz als Richtschnur für die Gestaltung des Ost-West-Verhältnisses

DOKUMENT 62

Verschiedenartige Aspekte der friedlichen Koexistenz

N. Ermoškin, Mirnoe sosuščestvovanie – universal'naja norma meždunarodnych otnošenij (Die friedliche Koexistenz ist die universale Norm der internationalen Beziehungen), in: Meždunarodnaja žizn', 5/1987, S. 80, 81, 86.

W. I. Lenin lehnte die Vorstellung kategorisch ab, daß der Kampf zwischen den beiden entgegengesetzten sozialen Systemen notwendig in ununterbrochenen Krieg verlaufen wird . . . Er wies darauf hin, daß der Sowjetstaat keine Anstrengungen scheut. Und die junge Sowjetrepublik erkämpfte sich, in den Worten Lenins ausgedrückt, die Bedingungen des Existierens zusammen mit den kapitalistischen Mächten.

Eine solche Koexistenz von Staaten mit unterschiedlicher Sozialordnung ist kraft objektiver geschichtlicher Notwendigkeit unausweichlich, wie sie sich aus dem gesamten Verlauf des weltweiten Klassenkampfs ergibt, der früher oder später zum Sieg der sozialistischen Revolution in den anderen Ländern führt. Die mit einer solchen Perspektive zu rechnen genötigten Imperialisten haben sich auf eine „friedliche Einvernehmlichkeit" mit dem Sozialismus eingelassen, zu der sie auch das Bestehen gemeinsamer Interessen, insbesondere kommerziell-wirtschaftlicher Verbindungen, um deren Erweiterung sich die kapitalistischen Staaten selbst bemühen, ungeachtet aller Widersprüche [zum Sozialismus] veranlaßten . . .

Es ist außerordentlich wichtig, im Auge zu behalten, daß die sowjetische Konzeption der friedlichen Koexistenz unter den Bedingungen einer erheblichen Verschärfung des Klassenkampfes, der imperialistischen Intervention, einer feindseligen auswärtigen Umgebung und unter den Umständen des Kampfes mit den Verfechtern „ultrarevolutionärer" Ansichten [in der UdSSR], die keine anderen Formen der Beziehung mit den kapitalistischen Staaten als die des „revolutionären Krieges" anerkannten, herausgebildet hat. Für Lenin ist – wie auch für K. Marx – die Revolution vor allem ein Resultat der Entwicklung und des Heranreifens der Klassenwidersprüche in dem jeweiligen Land. Die Bolschewiki und Lenin haben sich immer entschieden gegen einen „Export" der Revolution gewandt. Aus diesem Grund hat die jahrzehntelang von der bourgeoisen Propaganda verbreiteten These „von der Hand Moskaus", die angeblich Aufruhr in verschiedenen Teilen der Welt stiftet, nichts mit der realen Wirklichkeit gemein.

Die Kommunisten sind prinzipielle Gegner jedes künstlichen Anheizens des Klassenkampfes und der „Anregung" der Revolution von außen, die zu Kriegen zwischen einzelnen Staaten führen könnte . . .

Der Frieden ist zum höchsten sozialen Wert der Menschheit und zur unerläßlichen Bedingung des Überlebens geworden – einer Bedingung, welcher der Kampf gegen die verbrecherische Politik des Imperialismus dient. Heute birgt die Friedensfrage wie niemals zuvor eine ungeheure klassenmäßige Sprengladung in sich, insoweit die Kriegsgefahr aus der sozialen Natur des Imperialismus hervorgeht. Und die Lösung der Frage des Überlebens der Menschheit ist ihrerseits verbunden mit der Auflösung des Widerspruchs zwischen den Kräften des Friedens und den Kräften des Krieges. Die Hauptstütze des Friedens ist der Sozialismus, der den Krieg kraft seiner sozialen Natur ablehnt . . .

Je fester die Macht des Sozialismus ist, einen desto größeren Einfluß übt dieser auf die Entwicklung und die Entfaltung der friedlichen Zusammenarbeit aus und fesselt die militaristischen Bestrebungen des Imperialismus. Wir gehen von der Berücksichtigung der Möglichkeiten aus, die den Kräften des sozialen Fortschritts, der Vernunft und des Friedens zu Gebote stehen, und schauen daher mit Optimismus auf die Möglichkeiten der Kriegsverhütung.

DOKUMENT 63

Gegen das bürgerliche Mißverständnis der friedlichen Koexistenz

Ausführungen von Außenminister Schewardnadse vor den Diplomaten seines Ministeriums am 3. Mai 1987, in: Vestnik Ministerstva inostrannych del SSSR, Nr. 1 (5. 8. 1987), S. 18.

Der XXVII. Parteitag der KPdSU hat, indem er den Frieden zum höchsten Wert und die friedliche Koexistenz zum universalen Prinzip der zwischenstaatlichen Beziehungen erklärt hat, natürlich weder die Bewertung des Imperialismus und seiner Politik noch die Realitäten der geschichtlichen Konfrontation der beiden Systeme noch die ideologische Unvereinbarkeit von Sozialismus und Kapitalismus aufgegeben.

DOKUMENT 64

Friedliche Koexistenz, neues politisches Denken und Besitzstand der Systeme

E. Primakov, Novaja filosofija vnešnej politiki (Die neue Philosophie der Außenpolitik), in: Pravda, 10. 7. 1987.

Natürlich besteht eine der Hauptfragen, die man nicht beiseite lassen darf, darin, inwieweit sie [die neue sowjetische Philosophie der Außenpolitik] die sich in der Welt objektiv vollziehenden sozialen Veränderungen berücksichtigt, und welcher Art die Wechselbeziehung zwischen Ideologie und Außenpolitik ist. Die soziale Erneuerung der Welt [durch den Übergang aller Staaten und Völker zum Sozialismus] ist ein objektives Erfordernis für die Menschheit. Aber der Mechanismus dieser Erneuerung – sowohl der revolutionäre als der evolutionäre – wird in der Voranbewegung der inneren Widersprüche in einem jeden Land herbeigeführt. Schon in der Frühzeit der Sowjetmacht wandte sich W. I. Lenin gegen die Verwandlung des ersten Staates des siegreichen Sozialismus [der UdSSR] in einen Exporteur der Revolution in andere Länder und beschränkte dessen internationalen Einfluß auf den Rahmen der Demonstration des Beispiels. Der Ausschluß des Exports der Revolution ist ein Gebot des nuklearen Zeitalters.

Zugleich darf und kann die Stabilisierung der internationalen Lage nicht mittels künstlicher Unterstützung des sozialen Status quo, mit anderen Worten mittels des Exports der Konterrevolution, erfolgen. Die zwischenstaatlichen Beziehungen können insgesamt nicht die Sphäre sein, in der sich die Geschicke des Widerstreits zwischen Weltsozialismus und Weltkapitalismus entscheiden.

DOKUMENT 65

Kompromiß, Zusammenleben und Frieden in der Sicht Lenins

Rede auf der Aktivversammlung der Moskauer Organisation der KPR (B) am 6. Dezember 1920, in: W. I. Lenin, Werke, Band 31, Berlin (Ost): Dietz Verlag 1964, S. 451 f.

Aber natürlich wäre es ein schwerer Fehler, zu glauben, daß [Wirtschafts-] Konzessionen [an westliche Firmen] Frieden bedeuten. Mitnichten! Konzessionen sind nichts anderes als eine neue Form des Krieges. Europa hat gegen uns Krieg geführt, und jetzt beginnt eine neue Phase des Krieges. Früher spielte sich der Krieg auf einem Gebiet ab, auf dem die Imperialisten unvergleichlich stärker waren als wir, nämlich auf militärischem Gebiet. Vergleicht man die Zahl ihrer und unserer Kanonen und Maschinengewehre, die Zahl der Soldaten, die von unserer und von ihren Regierungen mobilisiert werden können – so hätten wir unweigerlich in zwei Wochen vernichtet sein müssen. Wir haben uns jedoch auf diesem Gebiet behauptet. Nun nehmen wir den weiteren Kampf auf und gehen zum ökonomischen Krieg über. Wir haben ausdrücklich erklärt, daß neben einem Konzessionsgebiet, neben einem Konzessionsquadrat unser Quadrat liegen wird, dann wieder ein Konzessionsquadrat usw. Wir werden von ihnen lernen, wie man Musterbetriebe einrichtet, indem wir unseren Betrieb daneben setzen. Wenn wir das nicht fertigbringen, dann können wir überhaupt einpacken. Betriebe nach dem letzten Wort der Technik einzurichten, ist gegenwärtig keine leichte Aufgabe, und wir müssen das lernen, müssen es in der Praxis lernen, denn das kann man durch keine Schulen, Universitäten oder Lehrgänge erreichen. Deshalb erteilen wir Konzessionen in Schachbrettordnung: Kommt und lernt an Ort und Stelle.

Wirtschaftlich sind die Konzessionen für uns von größtem Nutzen. Natürlich werden die Konzessionäre bei der Gründung von Siedlungen ihre kapitalistischen Gewohnheiten mitbringen und die Bauernschaft zu zersetzen versuchen. Darauf muß man aber achten und ihnen auf Schritt und Tritt unsere kommunistische Einwirkung entgegenstellen. Auch das ist eine Art Krieg, ein kriegerischer Wettkampf zweier Methoden, zweier Formationen, zweier Wirtschaftssysteme – des kommunistischen und des kapitalistischen. Wir werden beweisen, daß wir stärker sind ... Wir haben keine Maschinen, der Krieg hat uns ruiniert, der Krieg hat Rußland seiner wirtschaftlichen Hilfsquellen beraubt, aber trotzdem fürchten wir diesen Wettkampf nicht, weil er für uns in jeder Hinsicht von Vorteil sein wird.

Das wird ein Krieg sein, in dem man ebenfalls nicht das geringste Zugeständnis machen darf. Dieser Krieg ist für uns in jeder Hinsicht vorteilhaft. Vorteilhaft ist auch der Übergang vom früheren Krieg zu diesem neuen Krieg, ganz abgesehen davon, daß damit eine gewisse indirekte Garantie des Friedens verbunden ist. Ich sagte in der Versammlung, über die in der „Prawda" so unzutreffend berichtet worden ist, daß wir jetzt vom Krieg zum Frieden übergegangen seien; wir hätten jedoch nicht vergessen, daß der Krieg wiederkehren wird. Solange es den Kapitalismus neben dem Sozialismus gibt, können sie nicht in Frieden leben. Der eine oder der andere wird zuletzt siegen. Entweder wird man die Sowjetrepublik oder den Weltkapitalismus zu Grabe tragen. Das hier ist ein Aufschub des Krieges.

DOKUMENT 66

Lenin über Ost-West-Zusammenarbeit als Atempause

Rede auf der Aktivversammlung der Moskauer Organisation der KPR (B) am 6. Dezember 1920, in: W. I. Lenin, Werke, Band 31, Berlin (Ost): Dietz Verlag 1964, S. 449.

Bis jetzt haben wir mit den Kapitalisten Krieg geführt, und sie haben uns erklärt: Entweder erwürgen wir euch oder zwingen euch, 20 Milliarden [vom zaristischen Rußland aufgenommene Schulden] zu bezahlen. Sie sind aber außerstande, uns zu erwürgen, und die Schulden werden wir ihnen nicht bezahlen. Einstweilen haben wir einen gewissen Aufschub erhalten. Solange wir wirtschaftliche Unterstützung brauchen, sind wir bereit zu zahlen. So stellen wir die Frage.

XII. Zwei Aktionsformen der Außenpolitik

DOKUMENT 67
Propaganda als grundlegendes Element der Außenpolitik

DOKUMENT 68
Der Klassencharakter der sowjetischen Diplomatie

DOKUMENT 69
Einmischung der Völker in die Fragen von Krieg und Frieden

DOKUMENT 70
Gorbatschows neuer Stil in der Außenpolitik

DOKUMENT 71
Der INF-Vertrag als Resultat des neuen Denkens in der sowjetischen Republik

DOKUMENT 72
Die Funktion des INF-Vertrages im Gesamtzusammenhang der Ost-West-Auseinandersetzung

DOKUMENT 73
Außenpolitik von oben und von unten

DOKUMENT 74
Die Umsetzung des gesellschaftlichen Handlungskonzepts in die Praxis

DOKUMENT 75
Lenin über die Einmischung der Völker in die Entscheidungen über Krieg und Frieden

DOKUMENT 76
Lenin über Agitation und Diplomatie als notwendige Elemente der Außenpolitik

DOKUMENT 77
Lenin: Bündnispolitik im Westen und Klassenpolitik in der UdSSR

DOKUMENT 67

Propaganda als grundlegendes Element der Außenpolitik

Rede von Außenminister Schewardnadse auf dem XXVII. KPdSU-Parteitag, in: Pravda, 2. 3. 1986.

Selbstverständlich ist die Diplomatie eine feingesponnene Angelegenheit, aber sie ist nicht so feingesponnen, daß der Verhandlungsfaden reißt und der Dialog abgebrochen wird. Wir sind an Resultaten interessiert und stellen uns daher die praktische Aufgabe, die Verhandlungsmechanismen zu vervollkommnen. Die Angelegenheit muß so gehandhabt werden, daß die gesamte Argumentationskraft, Wohlbegründetheit, Gerechtigkeit und Ehrenhaftigkeit unserer Vorschläge enthüllt wird, wobei wir die Erreichung von praktischen Ergebnissen im Auge haben. In der Sprache unseres Parteitages gesprochen: endgültige Resultate.

In der letzten Zeit beschuldigt man uns immer öfter der Publizität (glasnost') unserer außenpolitischen Aktionen und erklärt, daß wir uns mit Propaganda befassen. Ja, wir legen der offenen Diplomatie große Bedeutung bei . . . Für uns ist Propaganda die Einheit von Wort und Tat und ein Mittel, uns direkt an die öffentliche Meinung der Welt zu wenden. Sie trägt die Lehren der Wahrheit in sich. Wer kann, möge davon lernen.

DOKUMENT 68

Der Klassencharakter der sowjetischen Diplomatie

N. Ermoškin, Mirnoe sosuščestvovanie – universal'naja norma meždunarodnych otnošenij (Die friedliche Koexistenz ist die universale Norm der internationalen Beziehungen), in: Meždunarodnaja žizn', 5/1987, S. 79.

Der Oktober 1917 hat den Grund für den tiefgreifenden Prozeß der Demokratisierung der internationalen Beziehungen gelegt, die Bedeutung der allgemeinmenschlichen Werte vergrößert und ein grundlegend neues Herangehen an die für alle Völker heiligste Angelegenheit – die Befreiung der Menschheit von den Kriegen und die Schaffung eines stabilen Friedens – determiniert. Die sowjetische Diplomatie hat, ausgehend von ihrem sozialistischen Klassencharakter, in all diesen Jahren planmäßig und beharrlich eine Lösung der Probleme der internationalen Sicherheit angestrebt.

DOKUMENT 69

Einmischung der Völker in die Fragen von Krieg und Frieden

V. Kortunov, Revoljucionnyj sdvig v soznanii millionov (Ein revolutionärer Umbruch im Bewußtsein von Millionen), in: Meždunarodnaja žizn', 10/1987, S. 23, 24, 27.

Die Apologeten der Politik der nuklearen Erpressung [im Westen], so muß man sagen, würden vieles darum geben, um die Möglichkeit zu haben, ihre Pläne auf dem Rücken der Weltöffentlichkeit zu verwirklichen und sie jedesmal als vollendete Tatsache zu schaffen. Aber in der gegenwärtigen Welt ist das bereits völlig unmöglich geworden. Zu seiner Zeit stellte W. I. Lenin dem Sowjetstaat die Aufgabe, „den Völkern zu helfen, sich in die Fragen von Krieg und Frieden einzumischen". Als er die Grundlagen der sowjetischen Außenpolitik legte, unterstrich er wiederholt den unlösbaren Zusammenhang zwischen den Problemen der internationalen Sicherheit und der Demokratie, d. h. die Erreichung eines solchen Zustandes, in dem die Außenpolitik aller Staaten, ihre Motive und Ziele zum Besitz der Publizität (glasnost') werden würden, der Kontrolle der Volksmassen unterworfen wären und diese aktiv nicht nur mit Worten, sondern auch der Sache nach auf die Entwicklung der Ereignisse einwirken könnten . . .

Gegenwärtig hat sich eine wahrhaft weltweite Diskussion im weitesten Sinne über die Probleme entfaltet, die alle Aspekte des internationalen Lebens berühren: die Wechselbeziehung zwischen den Begriffen des Krieges und der Politik, der nationalen und allgemeinen Sicherheit, der Politik und Moral, der Einzelinteressen einzelner Staaten und der allgemeinmenschlichen Interessen, der nationalen Souveränität und des Völkerrechts, d.h. der Probleme, die auf die eine oder andere Weise mit der allgemeinen Sicherheit und der internationalen Zusammenarbeit verknüpft sind. Die Bewegung für eine kernwaffenfreie Welt und der Humanismus der internationalen Beziehungen haben sich auf allen Kontinenten entwikkelt. Daran nehmen Menschen verschiedener sozialer Zugehörigkeit und von durchaus nicht gleichartigen ideologischen Überzeugungen und politischen Ansichten teil: Politiker, Wissenschaftler, Kulturschaffende, Militärs, Geschäftsleute und Geistliche. Indem die Antikriegsbewegung Vertreter von höchst verschiedenen Weltanschauungen in sich aufnimmt, formiert sie sich noch überall in der Welt als eine in höchster Weise komplizierte Erscheinung des gesellschaftlichen Lebens der Gegenwart. Dessen ungeachtet, kann man schon heute ... einige ihrer allgemeinen Charakteristika erkennen.

Vor allem lenkt der Umstand Aufmerksamkeit auf sich, daß nicht nur die Massivität, sondern auch die Zielstrebigkeit des Kampfes um die internationale Sicherheit in dem Maße zunimmt, wie einerseits die Konzeption einer kernwaffenfreien Welt in den Initiationen der Sowjetunion an Klarheit gewinnt und andererseits Washington und seine NATO-Verbündeten eine Kampagne wegen irgendeinem „friedenstiftenden Charakter" ihrer Politik der nuklearen Erpressung entfalten ...

Die militarristischen Kreise der USA und anderer NATO-Länder werden auf ihren Positionen beharren und vor praktischen Abrüstungsmaßnahmen zurückweichen, solange sie das nur zu tun vermögen, d. h. solange sie das Kräfteverhältnis zugunsten des Friedens in den Vereinigten Staaten und in der internationalen Arena insgesamt nicht zum Rückzug zwingt. Und der öffentlichen Meinung gehört dabei eine wichtige Rolle. Und zwar darum, weil die Dauer, während der die Strategen der nuklearen Erpressung imstande sind, sich dem gesunden Menschenverstand zu widersetzen, in gewaltigem Ausmaß davon abhängt, wie real es die Völker verstehen, auf das Fassen dieser oder jener Beschlüsse über konkrete Fragen des Krieges und des Friedens einzuwirken.

DOKUMENT 70

Gorbatschows neuer Stil in der Außenpolitik

M. S. Gorbačev, Perestrojka i novoe myšlenie dlja našej strany i dlja vsego mira (Umgestaltung und neues Denken für unser Land und für die ganze Welt), Moskau: Izdatel'stvo političeskoj literatury 1987, S. 164.

Der neue Stil in den internationalen Beziehungen setzt augenscheinlich voraus, daß deren Rahmen weit über die Grenzen des diplomatischen Prozesses im eigentlichen Sinne erweitert wird. Neben den Regierungen werden die Parlamente zu immer aktiveren Teilnehmern an den internationalen Kontakten. Es bezeugt die Tendenz zur Demokratisierung in der außenpolitischen Sphäre. Ein Kennzeichen unserer Zeit ist, wie ich bereits gesagt habe, ein breites Eindringen der öffentlichen Meinung sowie der internationalen und nationalen gesellschaftlichen Organisationen in diese Sphäre. Eine öffentliche Volksdiplomatie, ein unmittelbares Sich-Wenden an die Völker, wird zum normalen Mittel der zwischenstaatlichen Kommunikation.

Die Nutzung der Methoden der öffentlichen Diplomatie ist von unserer Seite kein Winkelzug. Wir gehen lediglich davon aus, daß alle Lasten des Wettrüstens auf den Volksmassen liegen, von den möglichen Folgen internationaler Konflikte erst gar nicht zu reden. Wir wollen, daß die Standpunkte der Sowjetunion bis zu den Völkern durchdringen.

Hier muß man die heikle, aktuelle Frage der Wechselbeziehung von Politik und Propaganda berühren. Wie oft haben wir als Antwort auf unsere außenpolitischen Initiativen hören müssen: „Das ist doch Propaganda!" Man muß anerkennen, daß in unserem Zeitalter der Masseninformation und des Masseninteresses an der internationalen Problematik alle außenpolitischen Vorschläge auf die eine oder andere Weise mit Propaganda einhergehen. Sie sollen „Eindruck hervorrufen".

DOKUMENT 71

Der INF-Vertrag als Resultat des neuen Denkens in der sowjetischen Politik

Pervyj real'nyj rezul'tat perestrojki (Das erste reale Resultat der Umgestaltung), in: Meždunarodnaja žizn', 2/1988, S. 3, 4, 5.

Unserer Politik, die sich auf das neue politische Denken gründet, ist ein nackter Pragmatismus fremd. Die Aufgabe, die der sowjetischen Diplomatie gestellt ist, ist in höchstem Maße ideeller Art . . .

Eine bestimmte Politik erfordert eine bestimmte Umwelt, ein bestimmtes Maß an gesellschaftlicher Unterstützung. Eine militaristische Politik [auf westlicher Seite] erfordert die Herausbildung eines Klimas der Konfrontation, des Mißtrauens, mangelnden Verständnisses und der Feindseligkeit. Das Lämpchen, das dem Militarismus Licht spendet, kann nur unter der Voraussetzung brennen, daß im Netzwerk der politischen Beziehungen eine hohe Spannung aufrechterhalten wird.

Unsere Außenpolitik bemüht sich ständig, diese Spannung zu verringern. Und sie hat ein Resultat erbracht: die ersten Elemente des Realismus in der Politik Washingtons. Sie sind nicht von selbst aufgetreten – zu ihrem Entstehen haben unsere Handlungen beigetragen . . .

Es geht die Meinung um, daß zusammen mit den Amerikanern das Abkommen [über die Beseitigung der landgestützten Raketen zwischen 500 und 5500 km Reichweite] auf der Grundlage von deren „Null-Variante“ abgeschlossen worden ist. Tatsächlich haben die Amerikaner vor einigen Jahren eine derartige Variante vorgeschlagen, ohne an sie zu glauben. Sie rechneten damit, daß sie in Bausch und Bogen abgelehnt werden würde. Und die Rechnung ging lange Zeit auf. Die neue sowjetische Führung [unter Gorbatschow] ging an die Situation vom Standpunkt unserer grundlegenden militärischen und politischen Interessen heran. Und unter diesem Gesichtspunkt gebührt die Autorschaft für die „Null-Variante“ nur uns.

Was sind diese hundert „Pershing II“ in Europa? Sie stellen die mögliche Fähigkeit der USA dar, für uns in jedem beliebigen Moment eine außerordentlich unangenehme militärische Bedrohung zu schaffen. Das vierfach überlegene Arsenal unserer „SS-20“-Raketen verfügte über keine derartige Fähigkeit gegenüber den USA. Politisch betrachtet, wurden die Mittelstreckenraketen [„Pershing II“ und „SS-20“] zu einem Faktor, der die Beziehungen in Europa und mit den Vereinigten Staaten von Amerika komplizierte.

Es besteht kein Zweifel daran, daß unseren militärischen und politischen Interessen eine so geringe militärische Präsenz der USA wie nur möglich an den vorgeschobenen [Front-]Abschnitten in Europa und Asien entspricht. Daher mußte auch das Ziel der Politik darin bestehen, die Entfernung aller amerikanischen Mittelstreckenraketen aus Europa zu erreichen sowie dort und in Asien die Stationierung von Raketen geringerer Reichweite zu verhindern.

Das neue Denken zeigte sich eben darin, daß man in Moskau auf neue Weise, von realistischen Positionen aus die Güterabwägung zwischen den [Kampf-]Mitteln dieser Kategorie betrachtete und als Kriterium nicht die Quantität, nicht die „Masse“, sondern deren Fähigkeit zur Erfüllung bestimmter [Kampf-]Aufgaben nahm. Nur unter diesem Gesichtswinkel darf man den „Austauschwert“ des abgeschlossenen Abkommens beurteilen.

Die Interessen der Sicherheit des Vaterlandes erfordern es, die Handlungsvarianten sorgfältig zu durchdenken, nicht von der Mächtigkeitssumme der Streitkräfte, sondern von einer politischen Konzeption auszugehen und sie zu verwirklichen, wobei man von den tatsächlichen nationalen Interessen in einem breiten Sinne auszugehen hat.

DOKUMENT 72

Die Funktion des INF-Vertrages im Gesamtzusammenhang der Ost-West-Auseinandersetzung

Rede von Generalsekretär Gorbatschow auf dem ZK-Plenum vom 18. Februar 1988, in: Pravda, 19. 2. 1988.

Wir sagen: Der Vertrag, der in Washington unterzeichnet worden ist, bildet den Anfang einer wirklichen Abrüstung. Wir wollen, daß es so sei. Und wir werden darauf hinwirken, daß es eine Fortsetzung geben wird.

Aber das ist auch ein Ergebnis. Das Ergebnis der Kampfanstrengungen der sozialistischen Staaten, der anderen fortschrittlichen und friedliebenden Staaten, der gesellschaftlichen Massenbewegungen [im Westen], der Organisation der Vereinten Nationen und der Blockfreienbewegung gegen die Kernwaffendrohung ...

Der Vertrag ist in seiner Art ein Indiz für den Umfang, den das Friedenspotential erreicht hat. Er legt auch Zeugnis davon ab, daß das neue Denken nicht nur die Hirne erfaßt, sondern auch schon begonnen hat, Einfluß auf die Weltpolitik zu nehmen ...

Die Unterzeichnung des Vertrages ist jedoch kein Anlaß dafür, sich zu beruhigen und gleichgültig zu werden. Sie hat sozusagen die nächste Etappe des Kampfes für Abrüstung und Frieden einschließlich des ideologischen Kampfes [in den westlichen Gesellschaften] eröffnet ...

Die amerikanische Regierung hält ihr Wort und verteidigt den Vertrag. Aber zugleich rückt sie scharf nach rechts mit einer antisowjetischen, antikommunistischen Rhetorik. Und nicht nur mit Worten, sondern auch mit bestimmten Taten in militaristischem Stil unter dem Vorwand einer „wachsenden sowjetischen Bedrohung“. Erneut sind wir mit Provokationen an unseren Grenzen konfrontiert ... Beträchtlich hat sich der Tonus der militaristischen Tätigkeit im europäischen Teil der NATO verstärkt. Man beeilt sich, eine „Kompensation“ für die Raketen zu organisieren, die nach dem Vertrag zur Liquidierung anstehen. Man plant eine Modernisierung und Vermehrung „anderer“ Arten der Nuklearrüstung, vor allem auf dem Meer und in der Luft, wobei man sich in zynischer Weise darauf bezieht, daß sie vom Vertrag nicht erfaßt seien. Aus London, aus Paris und aus dem NATO-Hauptquartier in Brüssel haben wir erneut ein kategorisches „Nein“ zu einem Verzicht auf Kernwaffen selbst in entfernter Zukunft vernommen ...

Es vollzieht sich eine Konsolidierung der reaktionären, extrem antisowjetischen Kräfte. „Atlantiker" und Sowjetologen aller Art verfassen schreckenerregende Empfehlungen für ihre Regierungen, kippen Schmutz in die Hirne der Gesellschaften und machen Angst wegen der „katastrophalen" Konsequenzen für den Westen, falls der Abrüstungsprozeß fortgeführt werde.

DOKUMENT 73

Außenpolitik von oben und von unten

Wladlen Kusnezow, Frieden und Demokratie, in: Neue Zeit, 13/1983, S. 5f.

Die Geheimdiplomatie werde von der Regierung abgeschafft – so hieß es in dem 1917 verkündeten Dekret über den Frieden, dem ersten außenpolitischen Akt der Sowjetregierung. So wurde erstmalig in der Geschichte der Schleier des Geheimnisses von der Politik gelüftet, die bis dahin hinter dem Rücken des Volkes betrieben worden war. Auf dem weltpolitischen Schauplatz erschien ein Staat mit offener, ehrlicher Diplomatie, die vor aller Augen formuliert wird und die er vor der Öffentlichkeit nicht geheimzuhalten braucht, weil sich die Ziele und Interessen dieser Politik mit denen der Völker decken. Erstmalig in der Geschichte der Menschheit wurden die Völker zur tatkräftigen direkten Teilnahme an der Lösung der Kardinalfrage von Krieg und Frieden, zur Entscheidung über die Zukunft der Zivilisation aufgerufen. Erstmalig richtete ein Staat seine Friedensprojekte und Initiativen nicht an eine, sondern an zwei Adressen: an die Regierungen und an die Völker. Lenin stellte die Frage so, daß von oben und unten gleichzeitig auf den Frieden hingewirkt werden muß . . .

Sie [die „durch und durch demokratische sowjetische Außenpolitik"] berücksichtigt die Meinung des Volkes, dessen Lebensbedürfnisse und Bestrebungen. Juri Andropow stellte folgendes fest: „Die UdSSR weist rundweg den Standpunkt derer zurück, die den Menschen einzureden suchen, die Gewalt, die Waffen entschieden alles und würden auch künftig alles entscheiden. Heutzutage treten die Völker wie nie zuvor ins Rampenlicht der Geschichte. Sie haben sich das Recht erworben, ihre Stimme zu erheben, die niemand zum Schweigen zu bringen vermag. Sie sind fähig, durch ein aktives und zielbewußtes Vorgehen der Kernkriegsgefahr zu bannen, den Frieden und damit auch das Leben auf unserem Planeten zu erhalten.“

Anders steht man im Westen zur Prägung der Außenpolitik. Dort hört man nicht sehr gern auf die Meinung des Volkes . . .

Der Begründer des Sowjetstaates sagte: „. . . deshalb müssen wir den Völkern helfen, in die Fragen des Krieges und des Friedens einzugreifen.“ Die Zeit, als die westliche Bourgeoisie die Massen von diesen Fragen fernhalten konnte, ist endgültig vorbei. Wir sehen, wie tatkräftig die Völker überall in die Entscheidung über die Zukunft des Weltfriedens und der internationalen Sicherheit eingreifen und wie entschlossen sie sind, deren Zukunft selbst in die Hand zu nehmen, weil sie denen mißtrauen, die mit dem widersinnigen Gedanken an einen Kernkrieg spielen.

DOKUMENT 74

Die Umsetzung des gesellschaftlichen Handlungskonzepts in die Praxis

Ju. Žukov, Ot slov k dejstvijam (Von den Worten zu den Taten), in: Pravda, 13. 2. 1986.

Schon am 16. Januar arbeitete das Präsidium des Sowjetischen Komitees zum Schutz des Friedens auf einer außerordentlichen Sitzung einen Aktionsplan aus zur Unterstützung der in der Erklärung formulierten neuen Ideen, und sofort gingen Botschaften und Telegramme mit einem Aufruf zu gemeinsamen Anstrengungen an 2500 Adressen in 110 Ländern. Über das ganze Land beteiligten sich 120 örtliche Komitees zum Schutz des Friedens an der Durchführung von Veranstaltungen zur Unterstützung der Erklärung. Die Jugend organisierte die Verwendung von über 18 Millionen Postkarten an Präsident R. Reagan mit der Forderung, daß sich die USA dem sowjetischen Moratorium für Atomversuche anschließen sollten.

Am selben Tag, dem 16. Januar, wurde in Helsinki auf einer Sondersitzung des Sekretariats des Weltfriedensrats ein Aufruf an alle Antikriegsbewegungen beschlossen: Es müsse sofort eine mächtige Kampagne zur Unterstützung der Idee der völligen Beseitigung der Nuklearwaffen bis zum Jahre 2000 und des Verzichts auf die Militarisierung des Weltalls begonnen werden; es müsse das völlige Verbot von Atomversuchen für alle

Zeiten erreicht werden; die chemischen Waffen müßten vernichtet werden; eine Verringerung der konventionellen Waffen müsse erreicht werden. Die neuen Vorschläge der UdSSR, so hieß es, eröffneten neue reale Möglichkeiten zur Erreichung dieser Ziele.

Am selben 16. Januar fand in Washington eine gemeinsame Konferenz der Führer einflußreicher Antikriegsorganisationen der USA, die nicht der vom Weltfriedensrat angeführten Bewegung angehören, statt: der „Kampagne für das Einfrieren der Atomrüstungen", des „Nationalen Komitees für eine vernünftige Atompolitik", des „Komitees für nationale Sicherheit" und des „Zentrums für Verteidigungsinformation". Nach einer Diskussion wurde erklärt, daß diese Organisationen „die sowjetischen Initiativen begrüßen und fordern, daß die US-Regierung positiv darauf reagiert, daß sie die Kernwaffenversuche einstellt und Verhandlungen mit dem Ziel der Liquidierung der Kernwaffen beginnt". In demselben Geist sprachen sich der Friedensrat der USA, das „Komitee der amerikanischen Freunde im Dienste der Gesellschaft" und die Umweltorganisation „Greenpeace" aus.

Am folgenden Tag erklärte M. Beresford, die Generalsekretärin der größten englischen Antikriegsorganisation, der ca. 400 000 Mitglieder zählenden „Kampagne für nukleare Abrüstung", daß diese Organisation die neuen sowjetischen Initiativen unterstütze und erreichen wolle, daß die britische Regierung darauf antworte. Sie fügte hinzu, daß die Vorschläge der UdSSR zum allgemeinen Friedenskampf beitragen werden. Gleiche Reaktionen kamen auch aus Bonn, Paris, Ottawa, Athen, Madrid, Lissabon, Brüssel, Den Haag, Stockholm und aus vielen Hauptstädten von Ländern Asiens, Afrikas und Lateinamerikas.

DOKUMENT 75

Lenin über die Einmischung der Völker in die Entscheidungen über Krieg und Frieden

Rede auf dem Zweiten Gesamtrussischen Sowjetkongreß, 25./26. Oktober 1917 a. St. (7./8. November 1917 n. St.), in: W. I. Lenin, Werke, Band 26, Berlin (Ost): Dietz Verlag 1961, S. 242.

Unser Aufruf muß sowohl an die Regierungen als auch an die Völker gerichtet werden. Wir können die Regierungen nicht ignorieren, denn das würde die Möglichkeit des Friedensschlusses hinauszögern; das aber darf eine Volksregierung nicht zulassen. Wir haben jedoch nicht das geringste Recht, uns nicht auch zugleich an die Völker zu wenden. Überall bestehen Gegensätze zwischen Regierungen und Völkern, und deshalb müssen wir den Völkern helfen, sich in die Fragen des Krieges und des Friedens einzumischen.

DOKUMENT 76

Lenin über Agitation und Diplomatie als notwendige Elemente der Außenpolitik

Referat über die Konzessionen (1921), in: W. I. Lenin, Werke, Band 32, Berlin(Ost): Dietz Verlag 1961, S. 320.

Die Zukunft sieht sehr günstig aus. Aber man darf keinesfalls zwei Arten von [außenpolitischer] Tätigkeit miteinander verwechseln: einerseits die agitatorische, die diese Zukunft näher rückt, und andererseits die Fähigkeit, sich jetzt so einzurichten, daß wir in der kapitalistischen Umkreisung existieren können. Bringen wir das nicht fertig, so wird auf uns die unangenehme zweite Hälfte des Sprichworts zutreffen, das sagt: „Bis die Sonne aufgeht, ätzt der Tau die Augen aus." Wir müssen es verstehen, uns auf die Besonderheiten der kapitalistischen Welt zu stützen, die Gier der Kapitalisten nach Rohstoffen auszunutzen und daraus Vorteile zu ziehen, um unsere ökonomische Lage – wie seltsam das auch klingen mag – inmitten der Kapitalisten zu festigen. Die Aufgabe scheint seltsam zu sein: Wie kann die sozialistische Republik ihre Lage verbessern, indem sie sich auf den Kapitalismus stützt? Aber wir haben das im Kriege gesehen. Wir haben im Krieg nicht deshalb gesiegt, weil wir stärker waren, sondern deshalb, weil wir als die Schwächeren die Feindschaft zwischen den kapitalistischen Staaten ausgenutzt haben.

DOKUMENT 77

Lenin: Bündnispolitik im Westen und Klassenpolitik in der UdSSR

Vorschlag für den Entwurf der Resolution zum Bericht der Delegation der KPR (B) in der Komintern (März/April 1922), in: W. I. Lenin, Werke, Ergänzungsband Oktober 1917 – März 1923, Berlin (Ost): Dietz Verlag 1971, S. 431 f.

Ziel und Sinn der Einheitsfronttaktik bestehen darin, immer breitere Arbeitermassen in den Kampf gegen das Kapital einzubeziehen, wobei man sich nicht scheuen darf, sogar den Führern der II. und der II½. Internationale [der sozialdemokratisch orientierten Sozialisten] immer wieder vorzuschlagen, diesen Kampf gemeinsam zu führen. Wenn die Mehrheit der Arbeiter bereits ihre eigene Klassenvertretung errichtet hat – d. h. eine sowjetische, keine „gesamtnationale", d. h. mit der Bourgeoisie gemeinsame – und wenn sie die politische Herrschaft der Bourgeoisie bereits gestürzt hat, dann kann Einheitsfronttaktik natürlich nicht mehr bedeuten, daß man sich an Parteien wie die Menschewiki („SDAPR") und SR („Partei der Sozialrevolutionäre") zu wenden hat, denn sie haben sich als Gegner der Sowjetmacht erwiesen. Unter der Sowjetmacht muß der Einfluß auf die Arbeitermassen *nicht* durch Appelle *an die Menschewiki und Sozialrevolutionäre, sondern durch die oben bezeichneten Maßnahmen erweitert werden.*

XIII. Die Zusammensetzung des Bündnisses an der gesellschaftlichen Front

DOKUMENT 78

Die Front des Kampfes gegen den Imperialismus und für revolutionären Wandel

Programm der KPdSU (Neufassung 1986), in: Sowjetunion zu neuen Ufern? Dokumente und Materialien mit Einleitung von Gert Meyer, Düsseldorf: Brücken Verlag 1986, S. 188 f.

Die Avantgarde der Arbeiterbewegung, aller Kräfte des revolutionären Weltprozesses ist die internationale kommunistische Bewegung. Die Kommunisten kämpfen sowohl für die nahen als auch für die fernen Ziele der Arbeiterklasse, für die Interessen aller Werktätigen, für sozialen Fortschritt, nationale Befreiung der Völker, für Abrüstung und Frieden. Die kommunistische Bewegung ist eine außerordentlich einflußreiche ideologische und politische Kraft der Gegenwart.

Die revolutionären Parteien der Arbeiterklasse lassen sich von der wissenschaftlichen Theorie der gesellschaftlichen Entwicklung, dem Marxismus-Leninismus, leiten und verfolgen eine prinzipielle Klassenpolitik. Sie sind von der historischen Unvermeidlichkeit der Ablösung des Kapitalismus durch den Sozialismus überzeugt, erkennen klar die objektiven Gesetzmäßigkeiten der sozialistischen Revolution, in welchen Formen – friedlich oder nicht – sie auch verlaufen möge, und verstehen es, die allgemeinen Prinzipien des Kampfes für den Sozialismus auf die konkreten Bedingungen des jeweiligen Landes anzuwenden.

Die Stärke der revolutionären Parteien besteht darin, daß sie entschieden für die Rechte und Lebensinteressen des werktätigen Volkes eintreten, Auswege aus dem Krisenzustand der bürgerlichen Gesellschaft weisen, eine reale Alternative zur Ausbeuterordnung aufzeigen und von sozialem Optimismus getragene Antworten auf die Grundfragen der Gegenwart geben. Sie sind die wahren Vertreter und standhaftesten Verteidiger der nationalen Interessen ihrer Länder . . .

Ein charakteristischer Zug unserer Zeit ist der Aufschwung der demokratischen Massenbewegungen in der nichtsozialistischen Welt. In den kapitalistischen Ländern vertieft sich der Antagonismus zwischen den Monopolen und der gewaltigen Mehrheit der Bevölkerung. In den Kampf gegen die Vorherrschaft der Monopole und die reaktionäre Politik der herrschenden Klassen reihen sich immer aktiver die Intelligenz, Angestellte, Landwirte, Vertreter der städtischen Kleinbourgeoisie und der nationalen Minderheiten, Frauenorganisationen, Jugend und Studenten ein. Menschen unterschiedlichster politischer Gesinnung fordern, der Militarisierung der Gesellschaft und der Aggressions- und Kriegspolitik Einhalt zu gebieten, mit der nationalen und Rassendiskriminierung, mit der Verletzung der Rechte der Frauen, der Verschlechterung der Lage der jungen Generation, mit der Korruption und dem Raubbau der Monopole an den Naturreichtümern und der Umwelt Schluß zu machen. Diese Bewegungen richten sich objektiv gegen die Politik der reaktionären Kreise des Imperialismus und fließen in den allgemeinen Strom des Kampfes für Frieden und sozialen Fortschritt ein.

Ein Bestandteil des revolutionären Weltprozesses ist der antiimperialistische Kampf der Völker und Länder, die das koloniale Joch abgeschüttelt haben, für die Festigung ihrer Unabhängigkeit und sozialen Fortschritt. Eine historische Errungenschaft der nationalen Befreiungsrevolutionen und -bewegungen, die das internationale Kräfteverhältnis weitgehend beeinflußt hat, bestand darin, daß das Kolonialsystem des Imperialismus zusammengebrochen ist und auf seinen Trümmern Dutzende selbständiger Staaten entstanden sind.

DOKUMENT 79

Neue Möglichkeiten des Kampfes gegen den Westen

A. Dobrynin, Glavnaja social'naja sila sovremennosti (Die soziale Hauptkraft der Gegenwart), in: Kommunist, 16/1986, S. 21–24.

Es unterliegt keinerlei Zweifel, daß die sozio-ökonomischen Prozesse, das Anwachsen der Armee der Lohnarbeit in Zukunft neue Möglichkeiten des Kampfes gegen die Herrschaft des Kapitals eröffnen . . .

Eine besondere Bedeutung kommt der Ausarbeitung der Probleme des Widerstandes gegen die neue imperialistische Strategie zu. Das schließt die Stärkung der internationalen Solidarität der Werktätigen und vor allem die Stärkung der engen Zusammenarbeit der Beschäftigten in den Betrieben der transnationalen Monopole in verschiedenen Ländern ein . . .

Die sowjetische Arbeiterklasse und ihre Partei betrachten den Kampf um die Stärkung des Friedens, für die Verhütung eines thermonuklearen Krieges als ihre hauptsächliche außenpolitische Aufgabe, ohne deren Lösung auch die Lösung der Aufgaben des ökonomischen und sozialen Fortschritts der ganzen Menschheit undenkbar ist. Dieser Ansatz ist ein unverrückbarer Teil des neuen Denkens, das den Bedingungen des Atomzeitalters entspricht. Dabei verbinden sich die marxistisch-leninistischen Prinzipien der internationalen Politik mit den humanistischen und den allgemein-demokratischen Idealen der unterschiedlichsten gesellschaftlichen Kräfte organisch miteinander, der Sozialdemokraten, der liberalen Kreise und aller anderen, denen es ernsthaft um die Erhaltung der Menschheit geht . . .

Die Alternative zum Kapitalismus, der die Zivilisation in eine Sackgasse mit unüberwindbaren Widersprüchen führt und ihre Existenz bedroht, kann nur der Sozialismus sein. Wir sind aufgrund der Erfahrung des real existierenden Sozialismus davon überzeugt, daß eine langfristige Lösung der Probleme, mit denen die Menschheit Ende des 20. Jahrhunderts konfrontiert wird, nur die sozialistische Gesellschaftsordnung bei einer umfassenden Entfaltung ihres Potentials gewährleistet. Natürlich schließt das nicht aus, sondern setzt sogar voraus: die Vielfältigkeit der Entwicklungsformen des Sozialismus, der Wege des Ansatzes und des Übergangs zum Sozialismus. Der Hauptträger der sozialistischen Alternative ist die Arbeiterklasse.

Die Position des Marxismus bestand ursprünglich darin, daß die Hauptinteressen der Klasse der Lohnarbeiter mit den Interessen der ganzen Menschheit identisch sind. Nach Marx und Engels kann sich das Proletariat nicht selbst befreien, wenn es nicht gleichzeitig die ganze Gesellschaft vor Ausbeutung und Unterdrückung befreit. Auch Lenin betonte und entwickelte diese grundlegende Idee des Marxismus.

DOKUMENT 80

Die Rolle der neuen sozialen Bewegungen im Westen

V. V. Zagladin, Programmnye celi KPSS i global'nye problemy (Die Programmziele der KPdSU und die globalen Probleme), in: Voprosy filosofii, 2/1986, S. 10.

Ihr Studium [das der globalen Probleme] und die Analyse ihrer Dynamik in der kapitalistischen Welt geben uns neue Argumente für den Beweis, daß sich das kapitalistische System den Grenzen der Möglichkeiten seines Wachstums genähert hat, und zum Beweis dessen, daß sich die allgemeine Krise des Kapitalismus vertieft und daß die Existenz dieses Systems, wie im Entwurf der neuen Fassung des Programms der KPdSU unterstrichen wird, zum Hindernis für die weitere Entwicklung der Menschheit schlechthin geworden ist ...

In diesem Zusammenhang gilt es, die Aufmerksamkeit noch auf eine weitere These des Entwurfs für die neue Fassung des Programms der KPdSU zu lenken, nämlich auf den Satz, in dem davon die Rede ist, daß die demokratischen Massenbewegungen in der kapitalistischen Welt zur einer der Haupttriebkräfte der gesellschaftlichen Entwicklung geworden sind. Dort wird darauf hingewiesen, daß diese Bewegungen, insbesondere diejenigen, die eine Beendigung der Militarisierung der Gesellschaft sowie der Politik der Aggression und des Krieges sowie des räuberischen Umgangs der Monopole mit den natürlichen Hilfsquellen und der Umwelt fordern, heutzutage allergrößten Umfang angenommen haben. Subjektiv tragen sie natürlich keinen antikapitalistischen Charakter; an ihnen sind sogar Vertreter der im Westen herrschenden Klasse beteiligt. Objektiv jedoch richten sie sich gegen die Politik der reaktionären Kreise des Imperialismus und münden in den allgemeinen Strom des Kampfes für den sozialen Fortschritt [gegen den Kapitalismus]. Dadurch erweitert sich der Kreis der gesellschaftlichen Kräfte, die an diesem Kampf teilnehmen.

Mit anderen Worten bildet die Verschärfung der globalen Probleme einen wichtigen Faktor und Antrieb für die Erweiterung des antiimperialistischen Kampfes, des Kampfes für den sozialen Fortschritt. . .

DOKUMENT 81

Die Gegenkräfte zum Westen

Parteiprogramm der KPdSU (Neufassung 1986), in: Sowjetunion zu neuen Ufern? Dokumente und Materialien mit einer Einleitung von Gert Meyer, Düsseldorf: Brücken Verlag 1986, S. 192.

Noch nie zuvor schwebte die Menschheit in solch schrecklicher Gefahr. Aber auch nie zuvor bestanden solche realen Möglichkeiten zur Erhaltung und Festigung des Friedens. Mit vereinten Kräften können und müssen die Völker die Gefahr der nuklearen Vernichtung abwenden.

Der aggressiven Politik des Imperialismus steht das wachsende Potential der Friedenskräfte gegenüber. Das ist die aktive, konsequente Friedenspolitik der sozialistischen Staaten, ihr erstarkendes Wirtschafts- und Verteidigungspotential. Das ist die Politik der überwältigenden Mehrheit der Staaten Asiens, Afrikas und Lateinamerikas, die ein vitales Interesse an der Erhaltung des Friedens, an der Einstellung des Wettrüstens haben. Das sind die Friedensbewegungen der breiten Volksmassen auf allen Kontinenten, die Bewegungen, die zu einem langfristigen und einflußreichen Faktor des gesellschaftlichen Lebens geworden sind. Die nüchterne Einschätzung des realen Kräfteverhältnisses führt dazu, daß auch viele Politiker kapitalistischer Länder die Gefährlichkeit einer Fortsetzung und Ausweitung des Wettrüstens begreifen.

DOKUMENT 82

Verbreiterung der antiwestlichen Front

Krupnejšee dostiženie sovremennoj marksistsko-leninskoj mysli (Die größte Errungenschaft des gegenwärtigen marxistisch-leninistischen Denkens), in: Kommunist, 6/ 1986, S. 13 f., 14.

Wir betrachten unsere Epoche gemäß der von der Neufassung des Programms der KPdSU getroffenen Festlegung auch als eine Epoche des Kampfes der Haupttriebkräfte der gesellschaftlichen Entwicklung – des Weltsozialismus, der Arbeiter- und kommunistischen Bewegung, der Völker der befreiten Länder und der demokratischen Massenbewegungen [im Westen] – gegen den Imperialismus, seine Politik der Aggression und der Unterdrückung, für Frieden, Demokratie und sozialen Fortschritt. Die grundlegende revolutionäre Klasse der gegenwärtigen Epoche war und bleibt die Arbeiterklasse. Diese angreifende Klasse befestigt ihre führende und bestimmende Rolle in der revolutionären Umgestaltung der Welt und bei der Verteidigung des Lebens auf der Erde . . .

Bei der Bestimmung der gegenwärtigen Epoche, die der Parteitag vorgenommen hat, lenkt noch eine weitere innovative Schlußfolgerung unserer Partei die Aufmerksamkeit auf sich: die Schlußfolgerung, daß sich die Front der Kräfte des sozialen Fortschritts beträchtlich erweitert hat. Die Reflexion der Besonderheiten der sozialen und klassenmäßigen Kräfte in der gegenwärtigen Periode hat gezeigt, daß während der letzten beiden Jahrzehnte eine neue mächtige Kraft zu ihnen gestoßen ist – die demokratischen Massenbewegungen, die Massen von Menschen unterschiedlicher politischer Orientierung und sozialer Zugehörigkeit im Namen des Kampfes für die Menschenrechte, die Sauberkeit der Umwelt, gegen militärische Vorbereitungen und gegen das Wettrüsten gesammelt haben. Ihr wichtigster Bestandteil sind die gesellschaftlichen Bewegungen gegen den Krieg und gegen die Kernwaffen, darunter Vereinigungen von Ärzten, Wissenschaftlern, Gewerkschaftlern, Kulturschaffenden und der Kirche.

DOKUMENT 83

Kommunistische Zielperspektive und kommunistische Aktionseinheit

Grigori Wodolasow, Kommunisten in der Welt neuer Realitäten, in: Einheit, 1/1988, S. 80, 82, 84, 85.

Keine einzige kommunistische Partei sagt sich von der Losung des Kampfes um den Sozialismus als perspektivisches Ziel los. Jedoch zu den Zeiträumen, Formen und Methoden zur Erreichung dieses Zieles gibt es in der kommunistischen Bewegung unterschiedliche Betrachtungsweisen.

Es geht natürlich nicht um revolutionäre Veränderungen zu irgendeinem bestimmten Zeitpunkt. Die Kommunisten verstehen, daß Veränderungen von vielen objektiven und subjektiven Faktoren abhängen, deren Entwicklungstempo nicht arithmetisch berechnet werden kann. Und darin unterscheiden sich die Marxisten von Sektierern und Verschwörern aller Art, diesen „Alchimisten" der Revolution, wie sie Marx nannte. Dennoch sind allgemeine Vorstellungen über ungefähre Zeitgrenzen des Kampfes, der Zeithorizonte der Erreichung dieser oder jener sozialen Zielpunkte kein Gegenstand futurologischer Spielereien, sondern eine völlig reale und notwendige Sache. Solche Vorstellungen üben einen bedeutenden Einfluß aus auf Typ, Methode, Charakter und Krafteinsatz im laufenden Kampf, auf Inhalt und Form seiner Verbindung mit den zukünftigen, den Endzielen und sind dementsprechend ein notwendiger Bestandteil der Theorie. Deshalb wird in der kommunistischen und Arbeiterbewegung die Frage diskutiert, wie die neuen Realitäten des Kapitalismus sich auf die ungefähren historischen Zeithorizonte des Sieges über ihn auswirken – schieben sie sie (wesentlich?) hinaus oder rücken sie sie näher? Dies ist kein einfaches Problem, die Fragen sind nicht leicht. Es wird daran gearbeitet; die Ergebnisse der Arbeit liegen noch nicht vor.

Eine Reihe Theoretiker weist auf die bedeutenden Reserven des „Überlebens" hin, über die der Kapitalismus verfügt, und hebt hervor, daß der Inhalt des Kampfes in den nächsten Jahrzehnten Reformen im Rahmen des staatsmonopolistischen Kapitalismus sein werden. Andere Theoretiker erkennen an, daß der Kampf für den Sozialismus in den entwickelten kapitalistischen Ländern nicht unmittelbar auf der Tagesordnung steht, sind jedoch der Meinung, es müsse gewährleistet werden, daß dieser Kampf sich real entwickelt und in den im gegebenen Moment maximal möglichen Dimensionen geführt werden muß, während die zeitlichen Horizonte nach und nach abgesteckt werden sollten. Es scheint, daß ein solches Herangehen die Initiative mehr fördert und zu ernergischem (und natürlich realistischem) Handeln anspornt. Der Kampf für die Umgestaltung in unserem Lande und, nebenbei gesagt, auch ihre Erfolge werden von den Kommunisten anderer Länder als eine der neuen Realitäten betrachtet, die dem Sozialismus in den Augen der ganzen Welt zusätzliche Anziehungskraft und dem Kampf für den Sozialismus neue Impulse verleiht . . .

Eine organische Einheit der Arbeiterbewegung und der Antikriegsbewegung zu erreichen, ist eine von den kommunistischen Parteien auf die Tagesordnung gesetzte wichtige Aufgabe. Ihre erfolgreiche Lösung hängt in bedeutendem Maße von der Fähigkeit ab, die Beziehungen zu den Bündnispartnern in vielem neu zu gestalten: Diskussionen zu führen, die eigenen Ansichten zu verfechten, ohne das Monopol auf die Wahrheit zu beanspruchen; nicht die Forderung auf Führungsposition als Bedingung für die Beteiligung an Bündnissen zu erheben; nicht nur zu lehren, sondern auch selber von anderen zu lernen usw. . . .

Manche Theoretiker (z. B. in den EG-Ländern) meinen, daß aufgrund der starken ökonomischen, politischen und militärstrategischen wechselseitigen Abhängigkeit der Bourgeoisie der europäischen kapitalistischen Länder ein Herankommen an den Sozialismus und mehr noch der Sieg des Sozialismus in einem dieser Länder kaum denkbar ist, daß man sich also auf gesamteuropäische Aktionen der forschrittlichen Kräfte, auf ihren mehr oder weniger gleichzeitigen Sieg in mehreren Ländern Westeuropas orientieren sollte. Das Positive an diesem Standpunkt sind die Kritik an der nationalen Beschränktheit und Abkapselung, die Orientierung auf eine allseitige Verstärkung abgestimmter internationaler Aktionen der Kommunisten und ihrer Bündnispartner. Jedoch ist ihm auch eine gewisse Übertreibung der Bedeutung der internationalen Aspekte eigen; eine derartige Orientierung kann, wenn sie konsequent durchgesetzt wird, zur Zurückhaltung der revolutionären Initiative auf nationalem Boden führen, sich zu einer Strategie des gegenseitigen Wartens auf einheitliche Aktionen entwikkeln.

Als Reaktion auf diese Position wird auch ein entgegengesetzter Standpunkt entwickelt, wonach die nationalen Aufgaben und Möglichkeiten akzentuiert, aber ihre Lösung kaum im weltweiten Zusammenhang gesehen wird. Das ist natürlich eine Position des aktiven und konkreten, aber wie die Praxis der letzten Jahre gezeigt hat, leider wenig effektiven Vorgehens. . .

Doch Theorien werden, wie immer, vom Leben korrigiert, Jene, die die internationalen Faktoren betont haben, überzeugten sich in der Praxis davon, daß ein bedeutender Einfluß auf das Kräfteverhältnis im internationalen, gesamteuropäischen Maßstab durch Veränderung des Kräfteverhältnisses im eigenen Land erreicht werden kann. Die erfechter der „nationalen Akzente“ haben jedoch begriffen, daß das im „Gemeinsamen Markt“ zusammengeschlossene europäische Kapital eine Realität und die EG-Gremien sowie das Europaparlament eine bedeutende Kraft darstellen, und daß nur der Kampf erfolgreich sein kann, der diese Realitäten und Kräfte berücksichtigt. ...

„Die KPdSU dramatisiert nicht den Umstand, daß zwischen den kommunistischen Parteien nicht immer und nicht in allem volle Einmütigkeit besteht. Absolut identische Ansichten über ausnahmslos alle Fragen kann es wohl überhaupt nicht geben“, wurde im Politischen Bericht des ZK der KPdSU an den XXVII. Parteitag der KPdSU betont. Die Kommunisten haben ihre Hauptziele, die bestimmenden und sie einigenden Endziele – Frieden und Sozialismus. Der Weg zu diesen Endzielen wird unweigerlich vielgestaltig und vielfältig sein.

DOKUMENT 84

Lenins Hoffnung auf die internationale Einheitsfront des Proletariats

Rede auf dem V. Gesamtrussischen Sowjetkongreß am 5. Juli 1918, in: W. I. Lenin, Werke, Band 27, Berlin (Ost): Dietz Verlag 1960, S. 528f.

Der Kongreß zeigt uns, daß das Bündnis aller Werktätigen nicht nur in Rußland, sondern auch in der ganzen Welt trotz alledem sich festigt, sich ausdehnt und wächst ... Von deutschen Sozialisten und anderen Leuten, deren Namen jeder aufgeklärte Arbeiter und Bauer kennt, wie Clara Zetkin und Franz Mehring, erhält die bolschewistische Regierung Äußerungen der Anerkennung und Versicherungen der Sympathie und Unterstützung. In Italien sitzt jetzt Lazzari, der alte Sekretär der Partei, der in Zimmerwald den Bolschewiki Mißtrauen entgegenbrachte, im Gefängnis, weil er uns seine Sympathie bekundet hat.

Das Verständnis für die Revolution wächst. In Frankreich haben die Genossen und die Arbeiter ... einen Aufruf herausgegeben, in dem sie sich leidenschaftlich für die Unterstützung der bolschewistischen Regierung und gegen die Abenteuer irgendwelcher Parteien aussprechen.

Darum, Genossen – wie mühselig und wie schwer auch die Periode sein mag, die wir durchmachen müssen –, sind wir verpflichtet, die ganze

Wahrheit zu sagen und dem Volk die Augen darüber zu öffnen, denn nur das Volk wird uns durch seine Initiative und durch seine Organisiertheit helfen, indem es neue und immer neue Verhältnisse schafft und die sozialistische Republik verteidigt.

DOKUMENT 85

Lenins Auffassung von den beiden Eckpfeilern der sowjetischen Politik gegenüber dem Westen

Referat vom 24. Dezember 1920 auf dem VIII. Gesamtrussischen Sowjetkongreß, in: W. I. Lenin, Werke, Band 31, Berlin (Ost): Dietz Verlag 1964, S. 471–473.

Unsere Außenpolitik besteht, solange wir allein sind und die kapitalistische Welt stark ist, einerseits darin, daß wir die Differenzen ausnutzen müssen (alle imperialistischen Mächte zu besiegen, wäre natürlich das Angenehmste, aber wir werden noch ziemlich lange nicht imstande sein, das zu tun). Unsere Existenz hängt davon ab, daß einerseits grundlegende Differenzen zwischen den imperialistischen Mächten bestehen und andererseits der Sieg der Entente [der Westmächte] und der Frieden von Versailles die gewaltige Mehrheit der deutschen Nation zu unmöglichen Existenzbedingungen verurteilt haben. Der Frieden von Versailles hat eine solche Situation geschaffen, daß Deutschland von einer Atempause nicht einmal träumen kann, nicht davon träumen kann, daß man es nicht ausraube, ihm nicht die Existenzmittel nehme, seine Bevölkerung nicht zum Hungern und Hinsterben verdamme, und es liegt in der Natur der Dinge, daß die einzige Rettung für Deutschland ein Bündnis mit Sowjetrußland ist, worauf es denn auch seine Blicke richtet. Sie sind wütende Feinde Sowjetrußlands, sie hassen die Bolschewiki, sie erschießen ihre eigenen Kommunisten, wie es richtiggehende Weißgardisten tun. Die deutsche bürgerliche Regierung hegt einen wütenden Haß gegen die Bolschewiki, aber die internationale Lage drängt sie gegen ihren eigenen Willen zum Frieden mit Sowjetrußland. Das, Genossen, ist der zweite Eckpfeiler unserer internationalen, unserer Außenpolitik: den Völkern, die sich der kapitalistischen Unterjochung bewußt werden, zu beweisen, daß es für sie keine andere Rettung gibt als die Sowjetrepublik. Und die Tatsache, daß die Sowjetrepublik drei Jahre lang dem Ansturm der Imperialisten standgehalten hat, beweist, daß es *ein* Land auf der Welt gibt, nur *ein* Land, das sich dieser Unterjochung durch den Imperialismus erfolgreich widersetzt. Mag das ein Land von „Räubern“,

„Plünderern“, „Banditen“, von Bolschewiki usw. sein, mag dem so sein, und doch kann man ohne dieses Land die wirtschaftliche Lage nicht verbessern . . .

Unabhängig davon müssen wir uns an alle unterdrückten Völker in ihrer Gesamtheit mit dem Hinweis wenden – und das ergibt sich aus dem Versailler Vertrag –, daß ein Häuflein Staaten anderen Völkern die Kehle zuschnürt; und diese Völker wenden sich, offen oder versteckt, bewußt oder unbewußt, um Hilfe an uns, sie gewöhnen sich jedenfalls daran, die wirtschaftliche Notwendigkeit eines Bündnisses mit Sowjetrußland gegen den internationalen Imperialismus anzuerkennen.

DOKUMENT 86

Lenins Appell an die „Völker des Ostens“, die damalige Dritte Welt

Bericht über die Arbeit des Gesamtrussischen Zentralexekutivkomitees (1919), in: W. I. Lenin, Werke, Band 30, Berlin (Ost): Dietz Verlag 1961, S. 316.

Gegenüber der riesigen Front imperialistischer Mächte stellen wir, die wir gegen den Imperialismus kämpfen, ein Bündnis dar, dem eine enge militärische Geschlossenheit not tut; und alle Versuche, diese Geschlossenheit zu stören, betrachten wir als eine Erscheinung, die auf keinen Fall geduldet werden darf, als Verrat an den Interessen des Kampfes gegen den internationalen Imperialismus. Doch bei der Durchführung dieser Politik müssen wir noch behutsamer sein. Wenn die europäischen Länder eine Kerenskiperiode durchzumachen haben, so sind in den auf einer niedrigeren Entwicklungsstufe stehenden Ländern die Elemente des Mißtrauens noch stärker. Auf sie müssen wir mit einer auf längere Sicht berechneten Methode einwirken. Wir unterstützen die Unabhängigkeit und Selbständigkeit dieser Staaten. Wir appellieren an ihre Werktätigen. Wir sagen ihnen: Die Einheit der militärischen Kräfte ist unerläßlich, wir dürfen keine Abkehr von dieser Einheit zulassen . . .

Bei allen Völkern des Ostens genießt die Sowjetrepublik enorme Popularität, und zwar aus dem gleichen Grunde, aus dem es uns gelungen ist, mit einem kleinen westlichen Staat Frieden zu schließen, nämlich weil man in uns den unbeugsamen Kämpfer gegen den Imperialismus sieht, weil wir die einzige Republik sind, die gegen den Imperialismus Krieg führt und die jede Situation zu nutzen weiß, ohne Gewalt anzuwenden, und die auch durch Verzicht auf Gewaltanwendung siegen kann.

XIV. Abschreckung, Sicherheit und Klasseninteresse

DOKUMENT 87

Gorbatschows Leitlinie des Kampfes gegen die nukleare Abschreckung der NATO

Referat von Generalsekretär Gorbatschow auf dem XXVII. Parteitag der KPdSU, in: Pravda, 26. 2. 1986.

Es ist die Zeit gekommen, die harten Realitäten unserer Tage bis zur letzten Konsequenz zu erkennen: Die Kernwaffen bergen in sich einen Wirbelsturm, der geeignet ist, das Menschengeschlecht vom Antlitz der Erde hinwegzufegen. Unser Appell unterstreicht ein weiteres Mal den offenen, ehrenhaften und leninistischen Charakter der außenpolitischen Strategie der KPdSU.

Der Sozialismus lehnt den Krieg bedingungslos als Mittel der Lösung von zwischenstaatlichen politischen und wirtschaftlichen Widersprüchen und von ideologischen Streitigkeiten ab. Unser Ideal ist ein Frieden ohne Waffen und Gewalt* – ein Frieden, in dem jedes Volk seinen Entwicklungsweg, seine Lebensweise frei wählt.

Darin drückt sich die Humanität der kommunistischen Ideologie und ihrer moralischen Werte aus. Aus diesem Grund bleibt die Hauptrichtung der Tätigkeit der Partei in der Weltarena auch in Zukunft der Kampf gegen die nukleare Gefahr, gegen das Wettrüsten, für die Wahrung und die Festigung des allgemeinen Friedens . . .

Die Administration in Washington ist gegenüber unseren Aufrufen, dem Wettrüsten Einhalt zu gebieten und die Lage zu sanieren, taub geblieben. Vielleicht lohnt es sich nicht, die Vergangenheit wieder aufzureißen? . . . Wir sind der Meinung, daß es sich nicht lohnt, weil die scharfe Abkühlung des internationalen Klimas in der ersten Hälfte der achtziger Jahre ein weiteres Mal daran erinnert hat, daß nichts von selbst geschieht: Für den Frieden muß man kämpfen, beharrlich und zielstrebig kämpfen . . .

Es bedarf vor allem des Willens, um auf dem Weg der Abrüstung voranzukommen. Die Sicherheit kann nicht bis zur Unendlichkeit auf der Furcht vor Vergeltung aufgebaut werden, das heißt auf den Doktrinen der „Abschreckung" oder „Einschüchterung". Gar nicht erst zu reden von der Absurdität und Amoralität einer Situation, in der die gesamte Welt zur nuklearen Geisel wird, fördern diese Doktrinen das Wettrüsten, das früher oder später geeignet ist, aus der Kontrolle zu geraten.

S. Dokument 116

DOKUMENT 88

Der Kampf gegen die nukleare Abschreckung der NATO als Angelegenheit aller Menschen

T. Vladimirskij, Bezopasnost' – vseob-emljuščaja, ravnaja dlja vsech (Die Sicherheit ist allumfassend und für alle gleich), in: Meždunarodnaja žizn', 9/1987, S. 5.

Wie M. S. Gorbatschow unterstrichen hat, „erfordert unsere Zeit eine konstruktive Antwort auf die Frage: ‚Was tun?' und eine Alternative zur [westlichen] Politik der Stärke, zur ‚nuklearen Abschreckung' und zu den militärischen Doktrinen, die auf Einschüchterung gründen." Eine solche Antwort gibt das vom XXVII. Parteitag der KPdSU vorgelegte Konzept eines allumfassenden Systems der internationalen Sicherheit. Allein die Unterbreitung dieses Konzepts hat in der Welt heftige politische Diskussionen entfacht und eine klare Wasserscheide zwischen denen hervorgerufen, die in den Kategorien einer Politik der Stärke der vornuklearen Periode denken, und denen, die mit überlebten Dogmen brechen und ihre nationalen Interessen mit den allgemeinmenschlichen identifizieren. In dieser Diskussion tritt der Sozialismus als Verfechter des fortschrittlichen gesellschaftlich-politischen Denkens und als Träger der humanistischen, demokratischen Ideale der gesamten Menschheit in Erscheinung.

DOKUMENT 89

Der Klassencharakter der westlichen Abschreckungspolitik

Rede von Außenminister Schewardnadse auf dem XXVII. KPdSU-Parteitag, in: Pravda, 2. 3. 1986.

Der Imperialismus will sich durchaus nicht von der Zwangsvorstellung lösen, daß die fortschrittlichsten Errungenschaften des menschlichen Geistes, die in den Mitteln der Zerstörung ihre Verkörperung gefunden haben, dazu geeignet sind, seine Herrschaft zu verewigen und den fortschreitenden Gang der Geschichte aufzuhalten. Aber die Möglichkeiten und der Charakter der gegenwärtigen Waffen sind von einer Art, daß sie die Politik der Konfrontation und des Widerstreits ihres Sinnes berauben . . .

Wir erklären: Der Frieden entspricht den höchsten Klasseninteressen des Sozialismus. Können sich denn die Führer der Vereinigten Staaten von Amerika auf eine solche allgemeinmenschliche Höhe erheben? Wenn man nach verschiedenen Anzeichen, insbesondere nach dem Auftreten von Präsident Reagan am vergangenen Mittwoch, urteilen will, dann sind sie dazu offenkundig nicht imstande.

DOKUMENT 90

Friedliche Koexistenz, internationalistische Pflicht und militärische Macht

G. Lokšin, Dviženie za bez-jadernyj mir, za vyživanie čelovečestva (Die Bewegung für eine kernwaffenfreie Welt und für das Überleben der Menschheit), in: Meždunarodnaja žizn', 8/1987, S. 12 f.

Im Verlauf von 70 Jahren [seit der Oktoberrevolution] haben die westlichen Kritiker der sowjetischen Außenpolitik irgendeine „organische Unvereinbarkeit" ihrer grundlegenden Prinzipien zu beweisen versucht – nämlich zwischen dem proletarischen Internationalismus und der friedlichen Koexistenz. Diese Unvereinbarkeit ergibt sich angeblich daraus, daß der proletarische Internationalismus bzw. die internationalistische Pflicht von ihnen dargestellt werden als gewaltsamer „Export der Revolution".

Bereits im Jahre 1919 hat W. I. Lenin diese Erfindung entlarvt, die man zu Recht als „die größte Lüge des 20. Jahrhunderts" bezeichnet. Diejenigen, die ein Geschrei über den „roten Militarismus" erheben, nannte er politische Gauner, „die sich den Anschein geben, als würden sie an diese Dummheit glauben, und derartige Anschuldigungen nach rechts und links ausstreuen, wobei sie sich ihres Advokatengeistes bedienen, um falsche Beweise zusammenzubringen und den Massen Sand in die Augen zu streuen".

W. I. Lenin, dieser größte Revolutionär, lehrte, daß Revolutionen nicht auf Bestellung oder Abmachung hin gemacht und auch nicht exportiert werden. Es läßt sich hinzufügen, daß man Revolutionen, den Klassenkampf und nationale Befreiungsbewegungen auch nicht auf Bestellung oder Abmachung hin beseitigen kann. Es gibt auf der Erde keine Kraft, welche die unabweislichen Prozesse der Erneuerung des gesellschaftlichen Lebens zurückdrehen könnten. Das Prinzip der friedlichen Koexistenz bedeutet keine Garantieverpflichtung zur Unterstützung des sozialen Status quo in der Welt. Wer kann den Völkern des einen oder anderen Landes, sei es in Afghanistan oder Nicaragua, verbieten, den Kampf gegen ihre Unterdrükker und für soziale und nationale Befreiung zu führen? Wer kann uns verbieten, Sympathie zu empfinden und Solidarität nicht nur mit Worten, sondern auch mit Taten zu üben mit den kämpfenden Völkern, vor allem in den Fällen, wo sie zu Opfern des Exports der Konterrevolution werden?

DOKUMENT 91

Defensive Orientierung und militärische Stärke als Grundlagen der östlichen Sicherheitspolitik

D. T. Jazov, Voennaja doktrina Varšavskogo Dogovora – doktrina zaščity mira i socializma (Die Militärdoktrin des Warschauer Pakts ist die Doktrin der Verteidigung des Friedens und Sozialismus), in: Pravda, 27. 7. 1987.

Die defensive Ausrichtung der [Militär-]Doktrin findet seinen unmittelbaren Ausdruck im Bereich des militärischen Aufbaus des Warschauer Pakts ... Sie wird verwirklicht in der Praxis der Ausbildung der Stäbe und der Truppen, in der Organisation schärfster Kontrolle zur Verhinderung eines nicht angeordneten Gebrauchs von Kernwaffen praktischer und strategischer Art, in der Hebung der Kampfbereitschaft der Truppen zur Abwehr einer Aggression, in der Vervollkommnung der Leitung und der Koordination und in der Hebung des moralisch-politischen Zustands des Personalbestands ...

Das gesamte System der Verteidigungsbereitschaft des Warschauer Pakts ist entsprechend strukturiert, um den Gegner zu stoppen, seine verbrecherischen Anschläge zu durchkreuzen und für den Fall, daß eine Aggression gegen irgendeinen Teilnehmerstaat des Paktes durch Verschulden der Imperialisten zur Tatsache werden sollte, diese entschieden abzuwehren ...

Ich sage frei heraus: Wir würden es niemandem raten, unsere Kräfte auf die Probe zu stellen. Die Antwort auf die Provokationen [des Westens] ist die wachsende Verteidigungsmacht der Länder des Warschauer Pakts und die Erhöhung der Wachsamkeit und Kampfbereitschaft ihrer Streitkräfte ... Die defensive Militärdoktrin des Warschauer Pakts, die ausschließlich auf die Abwehr einer militärischen Bedrohung ausgerichtet ist, bedeutet beileibe nicht, daß unsere Operationen einen passiven Charakter tragen werden. Sie werden sich auf das unerschütterliche Fundament der Lehre Lenins über die Verteidigung des sozialistischen Vaterlandes stützen. Im Falle einer Aggression werden unsere Streitkräfte zusammen mit den brüderlichen sozialistischen Armeen die sozialistischen Errungenschaften mit aller Entschiedenheit verteidigen. Die Sicherheit unseres Landes und der sozialistischen Gemeinschaft insgesamt ist für uns eine heilige Sache.

DOKUMENT 92

Abschreckung des westlichen Gegners

P. Skorodenko, Voennyj paritet i princip razumnoj dostatočnosti (Die militärische Parität und das Prinzip der vernünftigen Ausreichendheit), in: Kommunist vooružënnych sil, 10/1987, S. 15.

Vernünftige Ausreichendheit ist nach unserer Ansicht dasjenige quantitative und qualitative Mindestmaß des militärischen Potentials eines Staates, das zuverlässig seine Sicherheit garantiert und keine reale militärische Bedrohung für andere Staaten schafft, das heißt wechselseitige gleiche Sicherheit gewährleistet. Dieses Prinzip läßt sich auch auf die Militärkoalitionen der gegenüberstehenden gesellschaftlichen Systeme anwenden.

Die Korrelation der Niveaus der militärischen Potentiale des Sozialismus und des Kapitalismus ist eine schwierige und vielfältige Erscheinung. Bei aller Vielgestaltigkeit dieses Problems unter den gegenwärtigen Bedingungen hat die Korrelation der militärischen Potentiale der UdSSR und der USA, der Organisation des Warschauer Vertrags und der NATO besondere Bedeutung für die Abschreckung der aggressiven Bestrebung des Imperialismus erlangt.

Die geschichtliche Praxis beweist unwiderleglich: Wenn die Sowjetunion in allen Etappen des ihr vom Imperialismus aufgezwungenen Wettrüstens ihr militärisches Potential nicht bis zur Grenze der Ausreichendheit für die Abwehr der Aggression erhöht hätte, hätte nichts sonst die sozialistische Gemeinschaft und die gesamte Menschheit vor einem neuen Weltkrieg geschützt. Denn das Verteidigungspotential der Sowjetunion und der Organisation des Warschauer Vertrages insgesamt ist der hauptsächliche Damm, der die aggressiven Bestrebungen des Imperialismus zurückhält.

DOKUMENT 93

Lenin über Revolution, Krieg und Frieden

Einige Thesen (1915), in: W. I. Lenin, Werke, Band 21, Berlin (Ost): Dietz Verlag 1960, S. 409–411.

Es ist die Aufgabe des russischen Proletariats, die bürgerlich-demokratische Revolution in Rußland zu Ende zu führen, *zu dem Zweck*, die sozialistische

Revolution in Europa zu entfachen. Diese zweite Aufgabe ist der ersten jetzt außerordentlich nahegerückt, aber sie bleibt trotzdem als besondere und als zweite Aufgabe bestehen, denn es handelt sich um *verschiedene Klassen*, die mit dem Proletariat Rußlands zusammenarbeiten: Bei der ersten Aufgabe tut das die kleinbürgerliche Bauernschaft Rußlands, bei der zweiten das Proletariat der anderen Länder . . . Wenn die revolutionären Chauvinisten in Rußland siegten, so würden wir gegen eine Verteidigung ihres „Vaterlandes" im gegenwärtigen Krieg sein. Unsere Losung: Gegen die Chauvinisten, auch wenn sie Revolutionäre und Republikaner sind, *gegen* sie *und für* das Bündnis des internationalen Proletariats zur Durchführung der sozialistischen Revolution . . . Auf die Frage, was die Partei des Proletariats tun würde, wenn die Revolution sie im gegenwärtigen Krieg an die Macht bringen sollte, antworten wir: Wir würden *allen* Kriegführenden den Frieden anbieten unter der Bedingung, daß die Kolonien und *alle* abhängigen, unterdrückten und nicht gleichberechtigten Völker die Freiheit erhalten. Weder Deutschland noch England oder Frankreich würden unter ihren jetzigen Regierungen diese Bedingung annehmen. Dann müßten wir den revolutionären Krieg vorbereiten und führen, d. h., wir würden nicht nur die entschiedensten Maßnahmen ergreifen, um unser ganzes Minimalprogramm vollständig durchzuführen, sondern auch alle jetzt von den Großrussen unterdrückten Völker, alle Kolonien und abhängigen Länder Asiens (Indien, China, Persien usw.) systematisch zum Aufstand aufrütteln, und ebenso – ja in erster Linie – würden wir das sozialistische Proletariat Europas entgegen seinen Sozialchauvinisten zum Aufstand gegen seine Regierungen aufrufen. Es unterliegt keinem Zweifel, daß der Sieg des Proletariats in Rußland außergewöhnlich günstige Bedingungen für die Entwicklung der Revolution in Asien wie in Europa schaffen würde.

DOKUMENT 94

Lenin über den revolutionären Krieg

Erfolge und Schwierigkeiten der Sowjetmacht (1919), in: W. I. Lenin, Werke, Band 29, Berlin (Ost): Dietz Verlag 1961, S. 50f.

Es ist uns gelungen, einen Umschwung zu erzielen: An die Stelle der [vom Zaren gegen die Mittelmächte im Ersten Weltkrieg eingesetzten] Zehn-Millionen-Armee, die in vollem Bestand floh, die die Schrecken des Krieges nicht länger ertrug und begriffen hatte, daß dieser Krieg verbrecherisch war, trat der Aufbau einer sozialistischen Armee, Hunderttausend auf Hunderttausend, einer Armee, die weiß, wofür sie kämpft, und die bereit ist, Opfer und Entbehrungen, die größer sind als unter dem Zarismus, auf sich zu nehmen, weil sie weiß, daß sie ihre eigene Sache verficht, ihren eigenen Grund und Boden, ihre Macht in der Fabrik, daß sie die Herrschaft der Werktätigen verteidigt, und daß die Werktätigen in den anderen Ländern, wenn auch schwer und langsam, erwachen. Das ist die Lage, die die einjährige Erfahrung der Sowjetmacht charakterisiert.

Der Krieg ist unglaublich schwer für Sowjetrußland, der Krieg ist unglaublich schwer für ein Volk, das vier Jahre lang die Schrecken des imperialistischen Krieges verspürt hat. Der Krieg ist für Sowjetrußland eine unglaubliche Last. Gegenwärtig aber erkennen selbst unsere starken Feinde an, daß ihre Armee sich zersetzt, während die unsrige sich aufbaut. Und das, weil zum erstenmal in der Geschichte eine Armee geschaffen wird, die sich darauf gründet, daß Sowjets und Armee einander nahestehen, untrennbar nahestehen, daß sie, kann man sagen, untrennbar miteinander verschmolzen sind. Die Sowjets vereinigen alle Werktätigen und Ausgebeuteten – und die Grundprinzipien beim Aufbau der Armee sind die sozialistische Verteidigung und Bewußtheit.

Ein preußischer Monarch hat im 18. Jahrhundert das kluge Wort gesprochen: „Wenn unsere Soldaten einen Begriff davon hätten, um was wir kämpfen, so könnte man keinen einzigen Krieg führen." Der alte preußische Monarch war kein dummer Mann. Wir aber sind jetzt bereit zu sagen, wenn wir unsere Lage mit der dieses Monarchen vergleichen: Wir können Krieg führen, weil die Massen wissen, wofür sie kämpfen, und weil sie kämpfen wollen trotz der unerhörten Lasten – ich wiederhole, die Last des Krieges ist jetzt größer als unter dem Zarismus –, sie wissen, daß sie unerhörte, unerträglich schwere Opfer bringen, wenn sie ihre sozialistische Sache verteidigen und an der Seite der Arbeiter in den anderen Ländern kämpfen, die „sich zersetzen" und angefangen haben, unsere Lage zu verstehen.

Es gibt Dummköpfe, die über roten Militarismus jammern; das sind politische Gauner, die sich den Anschein geben, als ob sie an diesen Unsinn glauben, und nach rechts und links mit derartigen Anschuldigungen um sich werfen, wobei sie ihre Advokatenkunst dazu nutzen, falsche Argumente zu erfinden und den Massen Sand in die Augen zu streuen. Sowohl die Menschewiki als auch die Sozialrevolutionäre schreien: „Seht, statt des Sozialismus gibt man euch den roten Militarismus!"

In der Tat, welch „schreckliches" Verbrechen! Die Imperialisten der ganzen Welt haben sich auf die Russische Republik gestürzt, um sie zu erdrosseln, und wir begannen, eine Armee aufzubauen, die zum erstenmal in der Geschichte weiß, wofür sie kämpft und wofür sie Opfer bringt, die einem an Zahl stärkeren Feind erfolgreich widersteht, wodurch sie mit jedem Monat des Widerstands in bislang noch nicht dagewesenem Maßstab die Weltrevolution näher bringt – und das verurteilt man als roten Militarismus!

XV. Leitlinien der Sicherheitspolitik

DOKUMENT 95

Leitsätze der sowjetischen Militärdoktrin

Marschall Nikolai Ogarkow, Militärtechnische Aspekte der sowjetischen Militärdoktrin, in: Nowosti. Militärbulletin, 2–78/86, 31. 10. 1986, S. 6f.

Die wichtigsten Forderungen der sowjetischen Militärdoktrin bestehen darin, die Streitkräfte der UdSSR auf einem hohen Niveau der Gefechtsbereitschaft zu halten, die deren rechtzeitige Entfaltung für die Abwehr eines Überraschungsangriffes des Gegners gewährleistet, gegen ihn mächtige Gegenschläge zu führen und erfolgreich die gestellten Aufgaben zum Schutze des sozialistischen Vaterlandes zu erfüllen. Ausgehend davon, erfordert die sowjetische Militärdoktrin das Können, sich nicht nur einfach zu verteidigen, indem man dem Aggressor passive Mittel und Verteidigungsmethoden entgegenstellt, sondern auch die Fähigkeit zu besitzen, ihm vernichtende Gegenschläge zu versetzen und ihn unter beliebigen Bedingungen der sich herausbildenden Lage zu zerschlagen . . .

Eine wichtige Richtung der Erhöhung der Gefechtsbereitschaft der Streitkräfte ist ein hohes Niveau ihrer technischen Ausstattung, d. h. die Versorgung der Truppen und der Flottenkräfte mit moderner Militärtechnik und Waffen. Die sowjetische Militärdoktrin setzt voraus, daß das gegenwärtig erreichte Entwicklungsniveau der sozialistischen Wirtschaft es ermöglicht, die technisch kompliziertesten Verteidungsaufgaben erfolgreich zu lösen und in kurzer Zeit eine beliebige Waffenart zu schaffen, die im Interesse der Verteidigung der Heimat notwendig ist.

Der militärtechnische Inhalt der sowjetischen Militärdoktrin schließt auch die Hauptgrundsätze der sowjetischen Kriegskunst, die die Methoden und Formen der Führung der militärischen Handlungen unter den verschiedenartigen Bedingungen des Krieges betreffen, ein. Er sieht die Führung von aktiven und entschlossenen Kampfhandlungen unter Nutzung der militärischen Macht des Staates und seiner Streitkräfte bis zur völligen Zerschlagung des Aggressors vor, wenn er versucht, unser Land zu überfallen.

DOKUMENT 96

Grundlegende Prinzipien der sowjetischen Sicherheitspolitik

A. Lizičev, Oktjabr' i leninskoe učenie o zaščite revoljucii (Der Oktober und die Leninsche Lehre von der Verteidigung der Revolution), in: Kommunist, 3/1987, S. 85, 86, 89, 91.

Die Friedensliebe unseres Landes ergibt sich aus der Natur der sozialistischen Ordnung selbst. Sozialismus und Frieden sind untrennbar miteinander verbunden. Das wird überzeugend durch die gesamte Geschichte des Sowjetstaates belegt . . .

Die organische Einheit von Sorge um den Frieden und Sorge um die Verteidigung der Revolution ist ein grundlegendes Merkmal der Politik unserer Partei. Das entspricht dem Vermächtnis des großen Lenin, dem Vermächtnis des Oktober. Den Fragen der Verteidigung des sozialistischen

Vaterlandes, der Sowjetmacht und der historischen Errungenschaften der Werktätigen kam und kommt in der theoretischen und praktischen Arbeit der KPdSU stets ein wichtiger Platz zu . . .

Von besonderer Wichtigkeit ist es, den Überraschungsfaktor, der unausbleiblich vom Aggressor genutzt werden wird, strikt in Rechnung zu stellen. Es darf nicht zugelassen werden, daß die friedliebenden Staaten, gegen die eine feindselige Politik und Kriegsvorbereitungen betrieben werden, schlechter auf ihre Verteidigung vorbereitet sind als der [westliche] Aggressor, der einen Überfall vorhat. Sorglosigkeit, Leichtfertigkeit, Selbstberuhigung und naiver Pazifismus sind ebenso unzulässig wie die Überschätzung der Möglichkeiten der aggressiven Kreise des Imperialismus . . .

In der Leninschen Lehre von der Verteidigung der Revolution sind die wichtigsten Prinzipien des sowjetischen militärischen Aufbaus verankert. Dazu gehören die Führung der Streitkräfte des Landes durch die kommunistische Partei, das klassenmäßige Herangehen an ihren Aufbau, die unverbrüchliche Einheit von Armee und Volk, die Treue zum proletarischen Internationalismus, die Organisation der Streitkräfte auf der Grundlage von Militärkadern, die einheitliche Führung und die Einzelleitung, die hohe bewußte militärische Disziplin, die Versorgung der Streitkräfte mit allem, was für die Erfüllung ihrer Aufgaben notwendig ist, ihre ständige Gefechtsbereitschaft zur Abwehr einer Aggression.

DOKUMENT 97

Der friedlich-defensive Charakter der sowjetischen Militärmacht

S. F. Achromeev, Velikaja pobeda (Ein großer Sieg), in: Krasnaja zvezda, 9. 5. 1987.

Die Versuche der bourgeoisen Propaganda, die Sowjetarmee als eine Kraft hinzustellen, die angeblich eine Bedrohung für andere Staaten bedeute, werden durch die Wahrheit widerlegt. Diese besteht darin, daß die sowjetischen Streitkräfte in den 69 Jahren ihres Bestehens niemals in der Rolle des Aggressors aufgetreten sind, niemals Eroberungskriege geführt haben und immer nur die Sache der Freiheit und der Unabhängigkeit ihres Volkes verfochten haben. Die defensive Ausrichtung der sowjetischen Militärdoktrin setzt eine hohe Kampfbereitschaft der sowjetischen Streitkräfte zur

Abwehr einer möglichen Aggression voraus. Unsere Streitkräfte werden in einer solchen Bereitschaft gehalten. Dies geschieht aber nicht zum Zwecke des Angriffs auf irgendjemanden, sondern zum Zwecke der Abwehr einer möglichen Aggression und zur Verteidigung unseres Heimatlandes und seiner Verbündeten . . .

Sie [die sowjetischen Streitkräfte] werden unterwiesen in dem Führen militärischer Operationen zur Zerschlagung des Aggressors auf aktive und entschiedene Weise . . . Die Streitkräfte der UdSSR sind heute einer der Hauptfaktoren, der die aggressiven Bestrebungen der reaktionären Kreise des Imperialismus hemmt und ein Garant für die internationale Sicherheit ist.

DOKUMENT 98

Verbesserung der Kampfbereitschaft und Streben nach Frieden

P. Lušev, Vysokaja boevaja gotovnost' Sovetskich Vooružennyh Sil – važnejšij faktor zaščity socializma (Eine hohe Kampfbereitschaft der sowjetischen Streitkräfte ist der wichtigste Faktor bei der Verteidigung des Sozialismus), in: Voenno-istoričeskij žurnal, 6/1987, S. 13.

Die Vervollkommnung der Kampfbereitschaft [der sowjetischen Streitkräfte] ist ein ununterbrochener Prozeß. Auf dem, was gestern erreicht worden ist, kann man sich heute nicht ausruhen. Es ist notwendig, beharrlich darauf hinzuwirken, daß jeder Soldat in seinem tiefsten Innern die Bedrohlichkeit der internationalen Lage und die Anforderungen von Partei und Volk an die Streitkräfte versteht, beständig auf der Hut und bereit zu sein, jedwede Anschläge des (westlichen) Aggressors abzuwehren, damit uns kein Zufall überrumpelt. Wenn wir Lehren aus der Vergangenheit ziehen und den aggressiven Charakter der Kräfte des Imperialismus in Rechnung stellen, müssen wir uns von den Hinweisen W. I. Lenins leiten lassen, daß „unsere Schritte zum Frieden von einer Anspannung all unserer militärischen Bereitschaft begleitet sein müssen."

DOKUMENT 99

Kriegsverhütung im Frieden und Feindvernichtung im Krieg

Ausführungen des Stabschefs der Warschauer-Pakt-Streitkräfte, Armeegeneral A. I. Gibkow, wiedergegeben in: Krasnaja zvezda, 25. 9. 1987.

Leider wird weniger von der Tätigkeit der Organisation des Warschauer Pakts zur Stärkung der kollektiven Verteidigungsfähigkeit der Bruderländer geschrieben, über die Aufgaben, die seine militärischen Organe und die Vereinigten Streitkräfte lösen. Sie jedoch, diese Aufgaben, ergeben sich aus dem Prinzip der Militärdoktrin, daß die Streitkräfte der verbündeten Staaten in einer Kampfbereitschaft gehalten werden, die ausreicht, daß es nicht möglich ist, sie zu überrumpeln, und daß sie, falls gegen sie ein Angriff stattfindet, dem Aggressor eine vernichtende Abfuhr erteilen werden ... Ich unterstreiche nochmals, daß ihre Tätigkeit einen erwidernden, aufgenötigten Charakter trägt ...

Die Militärdoktrin des Warschauer Pakts konfrontiert die Streitkräfte der Teilnehmerstaaten mit der Aufgabe, den Krieg zu verhindern. Sie zu lösen, ist undenkbar ohne einen beharrlichen tagtäglichen Kampf um die Erhöhung der Kampfbereitschaft ...

Falls ein Angriff doch vollzogen werden sollte, werden die Streitkräfte der Länder des Warschauer Pakts mit äußerster Entschiedenheit handeln. Im Verlauf der Abwehr der Aggression werden sie auch Operationen der Gegenoffensive durchführen. Dies widerspricht den Forderungen der Militärdoktrin nicht, denn, wie die Erfahrung des Großen Vaterländischen Krieges [von 1941–1945] und der lokalen Kriege zeigt, derartige Operationen sind im Rahmen von Verteidigungshandlungen und -kämpfen in einzelnen Richtungen nicht nur möglich, sondern auch notwendig.

DOKUMENT 100

Verteidigung des Heimatlandes bis zur Zerschlagung des Aggressors

G. Kostev, Naša voennaja doktrina v svete novogo političeskogo myšlenija (Unsere Militärdoktrin im Lichte des neuen politischen Denkens), in: Kommunist vooružënnych sil, 17/1987, S. 11, 14.

Die defensive Ausrichtung unserer Militärdoktrin, die ausschließlich auf die Abwehr einer Aggression berechnet ist, bedeutet beileibe nicht, daß unsere Operationen [im Kriegsfalle] einen passiven Charakter tragen werden. Im Falle des Angriffs eines Aggressors werden die sowjetischen Streitkräfte zusammen mit den Armeen der brüderlichen sozialistischen Länder die revolutionären Errungenschaften mit aller Entschiedenheit verteidigen. Die Sicherheit des Heimatlandes und der gesamten sozialistischen Gemeinschaft ist für uns eine heilige Sache . . .

Im Programm der KPdSU steht geschrieben, daß, solange die Gefahr einer Entfesselung von Aggressionskriegen und Militärkonflikten durch den Imperialismus besteht, die Partei der Verstärkung der Verteidigungsmacht der UdSSR, der Festigung ihrer Sicherheit und der Bereitschaft der Streitkräfte zur Zerschlagung jedes Aggressors unabgeschwächte Aufmerksamkeit zuwenden wird . . .

Im Raketen- und Nuklearzeitalter, in dem sich die Imperialisten auf einen kompromißlosen und vernichtenden Krieg vorbereiten (wie sie selbst nicht abstreiten), nimmt die moralisch-politische und psychologische Vorbereitung der Verteidiger des Heimatlandes zur Führung entschiedener, aktiver Kampfhandlungen einen wichtigen Platz ein. Dabei sind pazifistische Stimmungen unter den Soldaten nicht zulässig, weil dies auf moralisch-psychologischer Ebene die Kampffähigkeit der Streitkräfte verringert. Warum? Aus dem Grund, daß für den Erfolg im Kampf und in der Schlacht die Erziehung jedes Militärdienenden zum Kampf bis zum letzten Blutstropfen und die Bereitschaft zur Selbstaufopferung notwendig sind.

DOKUMENT 101

Beherrschung aller Operationsformen und jederzeitige Kampfbereitschaft als unerläßliche militärische Erfordernisse

P. Lušev, Na straže zavoevanij revoljucii, (Auf der Wacht der Errungenschaften der Revolution), in: Meždunarodnaja žizn', 8/1987, S. 66, 68.

Die harten Lehren des vergangenen Krieges raten dringend dazu, daß man, solange der Krieg nicht begonnen hat, gegen ihn aktiv kämpfen muß. Dabei ist es notwendig zu berücksichtigen, daß der Aggressor solche Handlungen unternehmen kann und solche Kampfmittel und Kampfarten anzuwenden imstande ist, die man am allerwenigsten erwartet. Daher muß im Interesse einer Durchkreuzung der Machenschaften des Feindes und im Interesse der Kampfbereitschaft der sowjetischen Streitkräfte die Forderung unbedingt gelten, alle Formen und Mittel des bewaffneten Kampfes zu beherrschen, die der Gegner anwenden könnte ...

Unter den gegenwärtigen Bedingungen ist für die Streitkräfte der UdSSR die höchste Form der Wachsamkeit eine hohe Kampfbereitschaft. Sie bildet den entscheidenden Faktor, der die Feinde des Friedens von militärischen Provokationen und Abenteuern und von der Entfesselung eines neuen Krieges abhält. Eine ständige Kampfbereitschaft ist eine objektive Notwendigkeit, ein geheiligtes Gesetz und das erste Bekenntnis aller unserer Militärpolitik ... Und solange kein politischer Mechanismus zur Blockierung des Friedens geschaffen worden ist, besteht für die sowjetische Armee und Flotte eine unverbrüchliche Wahrheit: Je höher ihre Kampfbereitschaft ist, desto geringer ist die Wahrscheinlichkeit, daß sich der Aggressor zu einem nuklearen Abenteuer entschließt.

DOKUMENT 102

Lenins Lehre von der Verteidigung des Vaterlandes und vom Revolutionskrieg

Eine harte, aber notwendige Lehre (1918), in: W. I. Lenin, Werke, Band 27, Berlin (Ost): Dietz Verlag 1960, S. 47–49.

Aus dieser historischen Lehre [Vordringen deutscher Truppen] wird der klassenbewußte, denkende Arbeiter drei Schlußfolgerungen ziehen: bezüglich unserer Stellung zur Vaterlandsverteidigung, zur Wehrkraft des Landes, zum revolutionären, sozialistischen Krieg; bezüglich der Bedingungen unseres Zusammenstoßes mit dem Weltimperialismus; bezüglich der richtigen Stellung der Frage unserer Beziehungen zur internationalen sozialistischen Bewegung.

Wir sind jetzt, seit dem 25. Oktober 1917 [dem Datum der Machtergreifung], Vaterlandsverteidiger, wir sind seit diesem Tage für die Verteidigung des Vaterlands. Denn wir haben *durch die Tat* bewiesen, daß wir mit dem Imperialismus gebrochen haben . . .

Jetzt hat sich gegen uns ein Riese des kultivierten, technisch erstklassig ausgerüsteten, organisatorisch großartig eingespielten Weltimperialismus erhoben. Mit ihm *muß* man kämpfen. Mit ihm muß man zu kämpfen verstehen. Das durch den dreijährigen Krieg unerhört zerrüttete Bauernland, das die sozialistische Revolution begonnen hat, muß einem militärischen Ringen aus dem Wege gehen – solange man ihm, selbst um den Preis schwerster Opfer, aus dem Wege gehen kann –, gerade um die Möglichkeit zu bekommen, etwas Ernstes zu tun, sobald das „letzte entscheidende Gefecht“ entbrennen wird.

Dieses Gefecht wird erst dann entbrennen, wenn die sozialistische Revolution in den vorgeschrittenen imperialistischen Ländern ausbricht. Eine solche Revolution reift und erstarkt zweifelsohne mit jedem Monat, mit jeder Woche. Dieser heranreifenden Kraft *muß* man helfen. Man muß *verstehen*, ihr zu helfen. Man hilft nicht, sondern schadet ihr, wenn man die benachbarte Sozialistische Sowjetrepublik zu einem Zeitpunkt, wo sie offenkundig ohne Armee dasteht, der Vernichtung ausliefert.

DOKUMENT 103

Lenins Eintreten für militärische Verteidigung nach der Machtergreifung

Bericht über die Außenpolitik (1918), in: W. I. Lenin, Werke, Band 27, Berlin (Ost): Dietz Verlag 1960, S. 372f.

Seit dem 25. Oktober 1917 [dem Datum der kommunistischen Machtergreifung in Rußland] sind wir Vaterlandsverteidiger, wir haben uns das Recht erkämpft, das Vaterland zu verteidigen. Wir verteidigen nicht Geheimverträge – die haben wir zerrissen, die haben wir vor der ganzen Welt enthüllt –, wir verteidigen das Vaterland gegen die Imperialisten. Wir verteidigen es, wir werden siegen. Wir verteidigen nicht die Großmachtstellung – vom Russischen Reich ist nichts übriggeblieben als das eigentliche Rußland –, nicht nationale Interessen, wir behaupten, daß die Interessen des Sozialismus, die Interessen des Weltsozialismus höher stehen als die nationalen Interessen, höher als die Interessen des Staates. Wir sind Verteidiger des Vaterlands: des sozialistischen Vaterlands.

Das läßt sich nicht durch Deklarationen erreichen, das läßt sich nur durch den Sturz der Bourgeoisie im eigenen Land, durch einen schonungslosen Kampf auf Leben und Tod erreichen, der begonnen hat, und wir wissen, daß wir siegen werden. Es ist eine kleine Insel inmitten des Krieges, der in der imperialistischen Welt tobt, doch haben wir auf dieser Insel gezeigt und bewiesen, was die Arbeiterklasse zu leisten vermag. Das wissen alle, und alle haben es anerkannt. Wir haben bewiesen, daß wir ein Recht auf die Verteidigung des Vaterlands haben, wir sind Vaterlandsverteidiger und betreiben diese Verteidigung mit allem Ernst, den uns der vierjährige Krieg gelehrt hat, mit aller Ernsthaftigkeit und Vorsicht, die jeder Arbeiter, jeder Bauer begreift, der einen Soldaten gesehen und erfahren hat, was der Soldat in diesen vier Kriegsjahren durchgemacht hat – mit einer Vorsicht, die nur diejenigen nicht verstehen können, über die nur diejenigen kichern und leichtfertig hinweggehen können, die bloß in Worten und nicht in der Tat Revolutionäre sind. Gerade weil wir Anhänger der Vaterlandsverteidigung sind, sagen wir uns: Für die Verteidigung bedarf es einer festen und starken Armee, eines starken Hinterlands, eine feste und starke Armee aber erfordert in erster Linie eine straffe Organisation des Ernährungswesens.

XVI. Krieg und Frieden vor dem Hintergrund des Ost-West-Verhältnisses

DOKUMENT 104

Das westliche System als Quelle militärischer Aggressivität

Referat von Generalsekretär Gorbatschow auf dem XXVII. Parteitag der KPdSU, in: Pravda, 26. 2. 1986.

Die Schwierigkeit, welche die herrschenden Klassen der kapitalistischen Welt beim Verständnis der Realitäten an den Tag legen, und ihre periodisch wiederkehrenden Versuche, die beide Welten trennende Gruppe der Widersprüche mit Gewalt zu lösen, sind natürlich nicht zufällig. Bei der

Übersetzung des Wettbewerbs zwischen den beiden Systemen in die Sprache des militärischen Gegensatzes treiben den Imperialismus auch innere Sprungfedern und sein sozial-wirtschaftliches Wesen selbst an. Der Imperialismus bring kraft seiner gesellschaftlichen Natur ständig eine aggressive und abenteuernde Politik hervor.

DOKUMENT 105

Die grundlegende These von der Verursachung der Kriege durch das westliche System

Parteiprogramm der KPdSU (Neufassung 1986), in: Sowjetunion zu neuen Ufern? Dokumente und Materialien mit einer Einleitung von Gert Meyer, Düsseldorf: Brücken Verlag 1986, S. 191.

Das brennendste Problem, vor dem die Menschheit steht, ist das Problem von Krieg und Frieden. Der Imperialismus trägt die Schuld an zwei Weltkriegen, die viele Millionen Menschenleben gefordert haben. Er führt die Gefahr eines dritten Weltkrieges herbei. Die Errungenschaften des menschlichen Geistes macht sich der Imperialismus dienstbar, um Waffen von ungeheurer Zerstörungskraft zu schaffen. Die Politik der imperialistischen Kreise, die bereit sind, ganze Völker zu opfern, verstärkt die Gefahr, daß diese Waffen zum Einsatz kommen. Letztendlich kann das zu einem globalen militärischen Konflikt führen, in dem es weder Sieger noch Besiegte geben würde, die Weltzivilisation aber untergehen könnte.

DOKUMENT 106

Neues Denken und Friedensproblematik

D. Volkogonov: Imperativy jadernogo veka (Die Gebote des nuklearen Zeitalters), in: Krasnaja zvezda, 22. 5. 1987.

Wie soll man den Frieden wahren und festigen? Wie soll man, ohne bei den Prinzipien, den sozialen und geistigen Werten [des Marxismus-Leninismus] zurückzuweichen, mit den Anstrengungen der Erdenbewohner einen politischen Mechanismus schaffen, der die Quelle des Krieges blockiert? Die Antworten auf diese Fragen sind, wie bekannt ist, in der Konzeption des neuen politischen Denkens enthalten. Diese Konzeption, die in den Beschlüssen des XXVII. Parteitags entwickelt worden ist, hat prinzipielle Korrekturen hinsichtlich des Verhältnisses von Krieg und Politik angebracht. Das neue politische Denken ist keine neue Weltanschauung; es ist ein neuer Grenzbereich, der uns durch das Verständnis der mächtigen Gebote (der objektiven Erfordernisse) des nuklearen Zeitalters bereichert. Die Konzeption des neuen Denkens steht zur Leninschen Lehre der Verteidigung des sozialistischen Vaterlandes nicht im Gegensatz . . .

Bedauerlicherweise konzentrieren einzelne [private sowjetische] Autoren ihre Anstrengungen nur auf die Verurteilung des Krieges „schlechthin", auf die Schilderung seiner apokalyptischen Folgen, ohne die Adresse dieser globalen Bedrohung klar zu benennen. Desgleichen verliert die Verfluchung der Kernwaffen außerhalb des politischen Zusammenhangs ihren konkreten Sinn . . . [Es heißt auch,] daß wir, damit die gegeneinanderstehenden Systeme „aufhören, füreinander Bedrohungen darzustellen," bei uns selbst anfangen müssen. Haben wir denn nicht bereits seit 1917 damit begonnen, für den Frieden zu kämpfen? Als ob es auch den ruhmreichen sowjetischen Plan der etappenweisen Liquidierung der Kernwaffen auf dem Planeten vor Beginn des nächsten Jahrtausends nicht gegeben hätte! Die konsequentesten Verfechter einer Politik des Friedens sind die sozialistischen Länder. In ihnen gibt es keine Klassen und Gesellschaftsgruppen, die an der Ausnutzung militärischer Gewalt als Mittel zur Lösung internationaler Probleme interessiert wären . . .

Unser Klassengegner ist heute noch nicht bereit, in einer anderen, nichtnuklearen Welt zu leben. Aus diesem Grund kann man nicht mit einer Hand Beifall klatschen, wie man auch nicht eine nicht-nukleare Welt nur durch einseitige Anstrengungen erschaffen kann. Ob wir nun wollen oder nicht, wir müssen dieser Realität Rechnung tragen. Bedauerlicherweise werden Behauptungen zugelassen wie etwa die, daß ein sowjetischer Autor schreibt, daß es keinen Frieden gebe, solange „jedes Gesellschaftssystem auf seinen Lieblingsideen" bestehe. Das heißt, daß die Möglichkeit der Wahrung des Friedens faktisch von dem Verzicht auf unsere Ideale und geistigen Werte abhängig gemacht wird. Die Unzulässigkeit eines derartigen Herangehens an das Problem ist offenkundig. Unser klassenmäßiges Herangehen an die Welt steht zu einem allgemeinmenschheitlichen Herangehen nicht im Widerspruch. Mehr noch: Die Dialektik des Klassenmäßigen und des Allgemeinmenschheitlichen in der Kernfrage der Gegenwart [d. h.

der Frage des nuklearen Krieges] zeigt sich heute in der Verknüpfung der Grundinteressen der überwältigenden Mehrheit der Bevölkerung des Planeten mit denen der sozialistischen Welt. Die Schlußfolgerung, die W. I. Lenin bereits im März 1920 gezogen hat: „. . die überwältigende Mehrheit der Erde billigt unsere Friedenspolitik", behält uneingeschränkt ihre Richtigkeit auch heute. Es ist schwer, einen Autor zu verstehen, der schreibt, daß man eine „gemeinsame weltanschauliche Grundlage" zum Aufbau einer entmilitarisierten Welt benötige . . .

Wir dürfen nicht vergessen: Wo befindet sich die Quelle der Kriege der Gegenwart, wer stellt sich den zahlreichen Friedensinitiativen der UdSSR und ihrer Verbündeten entgegen, wem und zu welchem Zweck dienen Konzeptionen wie SDI? . . . Das Problem des Überlebens ist planetarisch geworden. Daß wir es eher begriffen haben als unser Klassenwidersacher, ist ein Zeugnis für die humanere Grundlage, die dem neuen Denken in unseren Gehirnen zugrunde liegt. Wir verstehen, daß die militärisch-strategische Parität [d. h. die sowjetische Definition des zwischen Ost und West bestehenden militärischen Kräfteverhältnisses] keine geistige Parität darstellt. Wir hatten und wir haben in diesem Bereich einen unbestreitbaren Vorteil . . .

Das, was den freilich so unsicheren, zerbrechlichen Frieden aufrechterhält, wie er heute besteht, ist in gewaltigem Ausmaß durch den politischen Willen des Sozialismus, seine wirtschaftliche Macht und das Kampfpotential seiner Streitkräfte bedingt.

An diesem Umstand wird die eigentümliche Dialektik der sozialen Rolle der Streitkräfte sichtbar. Sie, die im Verlauf der gesamten Geschichte der menschlichen Zivilisation Instrumente der Gewalt und des Krieges gewesen sind (und dies unter dem Kapitalismus auch bleiben), haben sich unter den Bedingungen des Sozialismus in ein Instrument des Friedens verwandelt.

DOKUMENT 107

Die dem Friedenskampf zugrunde liegenden Vorstellungen

Grigori Wodolasow, Kommunisten in der Welt neuer Realitäten, in: Einheit, 1/1988, S. 77.

Ja, heute gibt es keine anderen Alternativen und Möglichkeiten, keine anderen Varianten [als die Vermeidung eines Weltkrieges]. Deshalb ist die

Frage des Friedens zur Kernfrage der Gegenwart geworden, ist dies eine Frage der Erhaltung der Grundlagen der menschlichen Zivilisation, des Weiterlebens der Menschheit überhaupt. Darin besteht ein überaus wichtiges neues Moment der gegenwärtigen Situation. Und daraus ergibt sich die Notwendigkeit der Lösung einer prinzipiell neuen Aufgabe: *Vereinigung eines wesentlich breiteren Spektrums von Kräften als früher, deren Macht und Einfluß in der Lage sind, einen internationalen nuklearen Konflikt heute absolut unmöglich zu machen. Dieser Kampf hat natürlich unvergleichlich umfassenderen Charakter als der direkte Kampf der revolutionären Kräfte in der Welt gegen den Kapitalismus.* Im Programm der KPdSU wird er charakterisiert als „der Kampf zwischen den Kräften des Fortschritts und der Reaktion in der heutigen Welt", und die für die Erhaltung des Friedens und die Beseitigung der Kriegsgefahr eintretenden Hauptkräfte werden als die „Haupttriebkräfte der gesellschaftlichen Entwicklung" definiert: der Weltsozialismus, die kommunistische und Arbeiterbewegung, die Völker der befreiten Länder und die demokratischen Massenbewegungen. Zu ihnen gehören somit sowohl die Kräfte des revolutionären Weltprozesses, die heute im weltweiten Kampf für den Frieden einige neue Merkmale annehmen, als auch neue demokratische und Friedenskräfte, die dem gegenwärtigen Kampf für den Frieden besonderen Massencharakter und ein größeres Ausmaß verleihen. In unserer Zeit ist es besonders wichtig, daß ungeachtet ideologischer Unterschiede zwischen diesen Kräften in gesellschaftspolitischen Fragen ihr einheitliches Handeln an der Hauptfront im Kampf um den Frieden gewährleistet wird.

Ja, die eigenständige Bedeutung der Frage des Friedens, ihr Gewicht im gemeinsamen Kampf der demokratischen, kommunistischen und revolutionären Kräfte der heutigen Welt ist stark angewachsen. Jedoch wird der Kampf um den Frieden nicht zu irgendeiner isolierten Aufgabe, die von den sozialen Schlachten unserer Tage losgelöst ist. Er ist nicht zu trennen von der Gesamtbewegung für den sozialen Fortschritt. Er reduziert sich nicht auf abstrakte Appelle und humanistische Deklarationen. Er bedeutet vor allem einen (natürlich mit politischen Mitteln geführten) Kampf gegen die politischen und sozialen Kräfte, die am Wettrüsten und an der Aufrechterhaltung der internationalen Spannungen interessiert sind.

DOKUMENT 108

Gesellschaftliche Umgestaltung, zuverlässige Verteidigung und abstrakter Pazifismus

M. Jasjukov, Koncepcija zaščity socializma i sovremennost' (Die Konzeption der Verteidigung des Sozialismus und die Gegenwart), in: Kommunist vooružënnych sil, 19/1987, S. 23.

Das weitere Anwachsen der wirtschaftlichen und wissenschaftlich-technischen Möglichkeiten unseres Heimatlandes und die Festigung seiner Verteidigungsfähigkeit verbindet die Partei unter den gegenwärtigen Umständen mit der Umgestaltung und mit der Überwindung der Stagnationserscheinungen, die sich in den 70er und zu Beginn der 80er Jahre ausgebreitet haben. Die Umgestaltung ist dazu bestimmt, den Blockierungsprozeß zu durchbrechen, für eine Beschleunigung der sozio-ökonomischen Entwicklung Raum zu schaffen und unser Heimatland auf ein qualitativ neues Niveau der Entwicklung zu heben. Die Festigung der materiell-technischen Basis der Sowjetgesellschaft wird es erlauben, die Möglichkeiten der Befriedigung der Bedürfnisse von Armee und Flotte an moderner Technik und Bewaffnung zu erweitern . . .

Die Umwälzung setzt auch eine Vervollkommnung der Produktionsbeziehungen, eine Verbesserung des Wirtschaftsmechanismus, eine allseitige Entwicklung der Demokratie, der lebendigen Kreativität der Massen und ihre Initiative, d. h. eine Aktivierung des menschlichen Faktors, voraus. All dies beeinflußt die qualitativen Charakteristiken der Bevölkerung des Landes und demzufolge auch derer, die in die Reihe der Streitkräfte eintreten, auf wohltätige Weise.

Die zuverlässige Verteidigung des Sozialismus ist unauflöslich auch mit den Veränderungen verbunden, welche die Umgestaltung in die sozialpolitische Sphäre der sozialistischen Gesellschaft einführt. Der Zustand dieser Sphäre findet seinen unmittelbaren Ausdruck in dem Niveau des geistigen Potentials und des moralischen Geistes der Massen und der Soldaten von Armee und Flotte. Zu den wichtigsten Wegen, die zu einer Erhöhung des Verteidigungspotentials des Landes führen, gehört die Durchführung einer wirksamen militärisch-patriotischen Erziehung der Sowjetmenschen, insbesondere der Jugend. Es ist völlig offensichtlich, daß es ohne eine wirksame militärisch-patriotische Erziehung unserer jungen Leute viel schwerer ist, die Probleme der Ausbildung und der Erziehung des Personalbestandes von Armee und Flotte zu lösen. Nur ein Mensch, der sich der Notwendigkeit der bewaffneten Verteidigung der sozialistischen Errungenschaften zutiefst bewußt geworden ist, der die notwendigen militärischen und militärtechnischen Kenntnisse beherrscht und der physisch abgehärtet ist, kann seine militärische Pflicht erfolgreich absolvieren. Bei der Lösung dieser Aufgaben spielen die beträchtlichen Revolutions- und Kampftraditionen der Verteidigung des Sozialismus eine beträchtliche Rolle.

Man kann dabei nicht außer Betracht lassen, daß in einer Situation, in der die Ideen des Friedens und der friedlichen Koexistenz zwischen Staaten mit unterschiedlichen Systemen weithin propagiert werden, manchmal auch Erscheinungen eines abstrakten Pazifismus auftreten, der nichts mit dem tatsächlichen Kampf für den Frieden und mit der Bereitschaft zur bewaffneten Verteidigung der Errungenschaften des Sozialismus gemein hat. Die militärisch-patriotische Erziehung ist unvereinbar mit der Predigt des Verzichts auf den gewaltsamen Widerstand gegen das Böse. Der Pazifismus ignoriert die Tatsache, daß die bewaffneten Mittel nicht nur reaktionären, sondern auch fortschrittlichen und revolutionären Zielen dienen können. Ohne einen bestimmten Beitrag des gegenwärtigen aktiven Pazifismus zum Kampf gegen die nukleare Gefahr zu leugnen, kann man ihm doch nicht die geringsten Zugeständnisse in der Frage der bewaffneten Verteidigung des Sozialismus machen.

Die positiven Prozesse in unserer Gesellschaft, zu denen die Umgestaltung den Weg öffnet, ergreifen zunehmend die Armee und die Flotte, indem sie die Kampffähigkeit und Kampfbereitschaft der Verbände und Einheiten der Streitkräfte heben. Es ist bekannt, daß die Aufrechterhaltung der Kampfbereitschaft und deren grundlegende Faktoren nicht ein für allemal feststehen. Das Nuklearzeitalter hat ernstliche Korrekturen am Begriff der Kampfbereitschaft angebracht. Wenn in der Vergangenheit Kampfbereitschaft wesentlich die Bereitschaft der Streitkräfte zum Führen eines Krieges nach deren Übergang von einem Friedens- zu einem Kriegszustand bedeutet hat, so erfordert die neue Zeit eine beständige hohe Kampfbereitschaft.

DOKUMENT 109

Lenin über das westliche System als Quelle der Kriege

Zum vierten Jahrestag der Oktoberrevolution (1921), in: W. I. Lenin, Werke, Band 33, Berlin(Ost): Dietz Verlag 1963, S. 35.

Die Frage der imperialistischen Kriege, jener heute in der ganzen Welt vorherrschenden internationalen Politik des Finanzkapitals, die *unvermeidlich* neue imperialistische Kriege erzeugt, unvermeidlich eine unerhörte Verstärkung der nationalen Unterdrückung, der Plünderung, Ausraubung, Erdrosselung der schwachen, rückständigen, kleinen Völkerschaften durch eine Handvoll „fortgeschrittener" Mächte mit sich bringt – diese Frage ist seit 1914 zum Eckstein der gesamten Politik aller Länder des Erdballs geworden. Es ist das für Millionen und Abermillionen Menschen eine Frage von Leben und Tod. Es ist das die Frage, ob im nächsten imperialistischen Krieg, der vor unseren Augen von der Bourgeoisie vorbereitet wird, der vor unseren Augen aus dem Kapitalismus hervorgeht, 20 Millionen Menschen niedergemetzelt werden sollen (statt der 10 Millionen Gefallenen des Krieges 1914–1918 nebst den ihn ergänzenden, auch heute noch nicht beendeten „kleinen" Kriegen), ob in diesem (bei Weiterbestehen des Kapitalismus) unvermeidlichen kommenden Krieg 60 Millionen verkrüppelt werden sollen (statt der 30 Millionen Verkrüppelter in den Jahren 1914–1918). Auch in dieser Frage hat unsere Oktoberrevolution eine neue Epoche der Weltgeschichte eröffnet.

DOKUMENT 110

Lenins Unterscheidung von gerechten Verteidigungs- und ungerechten Angriffskriegen

Sozialismus und Krieg (1915), in: W. I. Lenin, Werke, Band 21, Berlin(Ost): Dietz Verlag 1960, S. 229–301.

Die Sozialisten haben die Kriege unter den Völkern stets als eine barbarische und bestialische Sache verurteilt. Aber unsere Stellung zum Krieg ist eine grundsätzlich andere als die der bürgerlichen Pazifisten (der Friedensfreunde und Friedensprediger) und der Anarchisten. Von den ersteren unterscheiden wir uns durch unsere Einsicht in den unabänderlichen Zusammenhang der Kriege mit dem Kampf der Klassen im Innern eines Landes, durch die Erkenntnis der Unmöglichkeit, die Kriege abzuschaffen, ohne die Klassen abzuschaffen und den Sozialismus aufzubauen, ferner auch dadurch, daß wir die Berechtigung, Fortschrittlichkeit und Notwendigkeit von Bürgerkriegen voll und ganz anerkennen, d. h. von Kriegen der unterdrückten Klasse gegen die unterdrückende Klasse, der Sklaven gegen die Sklavenhalter, der leibeigenen Bauern gegen die Gutsbesitzer, der Lohnarbeiter gegen die Bourgeoisie. Von den Pazifisten wie von den Anarchisten unterscheiden wir Marxisten uns weiter dadurch, daß wir es für notwendig halten, einen jeden Krieg in seiner Besonderheit historisch (vom Standpunkt des Marxschen dialektischen Materialismus) zu analysieren. Es hat in der Geschichte manche Kriege gegeben, die trotz aller Greuel, Bestialitäten, Leiden und Qualen, die mit jedem Krieg unvermeidlich verknüpft sind, fortschrittlich waren, d. h. der Entwicklung der Menschheit Nutzen brachten, da sie halfen, besonders schädliche und reaktionäre Einrichtungen (z. B. den Absolutismus oder die Leibeigenschaft) und die barbarischsten Despotien Europas (die türkische und die russische) zu untergraben. Wir müssen daher die historischen Besonderheiten eben des jetzigen Krieges untersuchen . . .

Die Epoche von 1789 bis 1871 hinterließ tiefe Spuren und revolutionäre Erinnerungen. Vor dem Sturz des Feudalismus, des Absolutismus und der Fremdherrschaft konnte von einer Entwicklung des proletarischen Kampfes um den Sozialismus nicht die Rede sein. Sprachen die Sozialisten im Hinblick auf die Kriege einer *solchen* Epoche von der Berechtigung des „Verteidigungs"krieges, so hatten sie stets gerade diese Ziele, das heißt die Revolution gegen Mittelalter und Leibeigenschaft im Auge. Die Sozialisten verstanden unter einem „Verteidigungs"krieg stets einen in diesem Sinne *„gerechten"* Krieg (wie sich Wilhelm Liebknecht einmal ausdrückte). Nur in diesem Sinne erkannten und erkennen jetzt noch die Sozialisten die Berechtigung, den fortschrittlichen und gerechten Charakter der „Vaterlandsverteidigung" oder des „Verteidigungs"krieges an. Wenn zum Beispiel morgen Marokko an Frankreich, Indien an England, Persien oder China an Rußland usw. den Krieg erklärten, so wären das „gerechte" Kriege, „Verteidigungs"kriege, *unabhängig* davon, wer als erster angegriffen hat, und jeder Sozialist würde mit dem Sieg der unterdrückten, abhängigen, nicht gleichberechtigten Staaten über die Unterdrücker, die Sklavenhalter, die Räuber – über die „Groß"mächte – sympathisieren.

DOKUMENT 111

Lenins Gleichung: Beseitigung der westlichen Demokratie = Beseitigung des imperialistischen Krieges

Erfolge und Schwierigkeiten der Sowjetmacht (1919), in: W. I. Lenin, Werke, Berlin(Ost): Dietz Verlag 1961, S. 47–49.

Betrachtet man die Dinge nüchtern, so muß man anerkennen, daß die Art der Einschätzung der Dinge, die bei der Wertung der russischen Revolution einen so richtigen Maßstab abgegeben hat, mit jedem Tage auch die Gewißheit vom Kommen der Weltrevolution festigt. Wir wissen, daß die Ströme, die die Eisschollen der Entente [der Westmächte] fortreißen werden – die Eisschollen der Entente, des Kapitalismus, des Imperialismus –, mit jedem Tage an Kraft zunehmen. Einerseits sind die Ententeländer stärker als wir, andererseits können sie sich ihrer inneren Lage nach unter keinen Umständen für längere Zeit behaupten.

Aus dieser Lage entspringen auch komplizierte Aufgaben der internationalen Politik – Aufgaben, die wir vielleicht und sogar wahrscheinlich in den nächsten Tagen werden lösen müssen, Aufgaben, über die ich nicht in allen Einzelheiten genügend unterrichtet bin, von denen ich aber in erster Linie sprechen möchte, eben damit die Erfahrungen auf dem Gebiet der Tätigkeit des Rats der Volkskommissare, auf dem Gebiet der Außenpolitik Ihnen, Genossen, in klarer und anschaulicher Form vor Augen treten . . .

Das Gemetzel, das langjährige Gemetzel [im Ersten Weltkrieg] haben auch die kultiviertesten und diszipliniertesten Massen nicht ertragen, es trat eine Periode absoluter Zersetzung ein, wo auch die hochentwickelte deutsche Armee nicht mehr mitmachte. Es gibt offenbar nicht nur für Rußland, sondern für alle Länder gewissen Grenzen. Die Grenze ist für verschiedene Länder verschieden, aber es gibt eine Grenze, über die hinaus man den Krieg für die Interessen der Kapitalisten nicht führen kann. Das ist es, was wir gegenwärtig beobachten.

Der deutsche Imperialismus hat sich selbst bis ins letzte entlarvt und gezeigt, daß er ein Räuber war. Das Wichtigste ist, daß in Amerika wie auch in Frankreich, in diesem vielgerühmten Demokratien (von Demokratien schwatzen die Verräter am Sozialismus, die Menschewiki und die Sozialrevolutionäre, diese unseligen Leute, die sich Sozialisten nennen), daß in diesen führenden Demokratien der Welt, in diesen Republiken der Imperialismus mit jedem Tag frecher wird, daß hier Bestien, Raubtiere, hervortreten, wie nirgendwo sonst. Sie rauben die Welt aus, prügeln sich und rüsten gegeneinander. Das kann nicht lange verborgen bleiben. Das ließ sich verbergen, solange der Kriegstaumel dauerte. Der Taumel verfliegt, der Frieden naht heran, und die Massen sehen gerade in diesen Demokratien, trotz aller Lügen, daß der Krieg zu neuem Raub geführt hat. Die demokratischste Republik ist nichts anderes als eine Verkleidung für den Räuber, den brutalsten, zynischsten Räuber, der bereit ist, Hunderte Millionen Menschen zu ruinieren, um die Schulden zu bezahlen, d. h. die Herren Imperialisten und Kapitalisten dafür zu bezahlen, daß sie den Arbeitern gütigst gestattet haben, einander die Kehlen abzuschneiden. Mit jedem Tag wird das den Massen immer klarer.

DOKUMENT 112

Lenin über einen konkreten, klassenbezogenen Pazifismus

Rede auf dem 1. Gesamtrussischen Kongreß der Kriegsflotte (1918), in: W. I. Lenin, Werke, Band 27, Berlin(Ost): Dietz Verlag 1960, S. 341.

Ich komme jetzt zur Frage des Krieges. Gegen den Krieg, den der Zusammenstoß der Räuber [d. h. der westlichen Staaten] wegen der Verteilung der Beute hervorgerufen hat, haben wir einen entschiedenen Kampf aufgenommen. Alle Parteien haben bisher von diesem Kampf geredet, aber über Worte und Heuchelei sind sie nicht hinausgekommen. Jetzt hat der Kampf für den Frieden begonnen. Das ist ein schwerer Kampf. Wer glaubte, daß der Frieden leicht zu erlangen sei, daß man bloß ein paar Worte über den Frieden zu verlieren brauche, damit die Bourgeoisie ihn uns auf dem Teller präsentiere, muß ein sehr naiver Mensch sein. Wer den Bolschewiki eine solche Auffassung unterstellte, ist ein Betrüger. Die Kapitalisten sind wegen der Teilung der Beute in einem Kampf auf Leben und Tod aneinandergeraten. Es ist klar: Den Krieg bezwingen, heißt, das Kapital besiegen, und in diesem Sinne hat die Sowjetmacht den Kampf begonnen.

XVII. Die sowjetische Einstellung zum Gedanken eines Friedens durch Abrüstung

DOKUMENT 113

Der westliche Pazifismus im Lichte der sowjetischen Koexistenz-Vorstellung

N. Efimov, Revoljucionnyj process i sovremennost' (Der revolutionäre Prozeß und die Gegenwart) in: Kommunist vooružënnych sil, 7/1987, S. 85 f.

Gegenwärtig suchen die bourgeoisen Ideologen im Westen, darunter auch pazifistisch Angehauchte, in das gesellschaftliche Bewußtsein nicht selten die Idee einzuführen, daß bewaffnete Formen [des Kampfes] im Klassenwiderstreit und in der Befreiungsbewegung nicht zulässig seien. In diesem Herangehen [an das Problem] liegt kein bißchen Wissenschaftlichkeit. Die Marxisten-Leninisten halten es [lediglich] für unzulässig, militärische Gewalt in den Beziehungen zwischen Staaten zu verwenden. „Der Sozialismus", so wurde auf dem XXVII. Parteitag der KPdSU hervorgehoben, „lehnt Kriege als Mittel zur Entscheidung zwischenstaatlicher, politischer und wirtschaftlicher Widersprüche und ideologischer Streitigkeiten unbedingt ab."

Zugleich bestätigen die Geschehnisse in der internationalen Arena die These des Marxismus-Leninismus, daß es unrichtig wäre, mit verengter Blickrichtung auf Gewalt zu verzichten, solange die Ausbeuterklassen Waffen verwenden. Die Kommunisten waren und sind der Ansicht, daß der zweckmäßigste Weg der nationalen und sozialen Befreiung der Völker der friedliche Weg ist, der eine Ausnutzung sowohl der parlamentarischen als auch der außerparlamentarischen Mittel des Kampfes mit dem Klassengegner vorsieht. Ein derartiger Weg ist nicht mit menschlichen Opfern und mit Verlusten an materiellen Werten verbunden . . .

Aber der Imperialismus will nicht mit den politischen Realitäten der gegenwärtigen Welt rechnen. Er ignoriert den Willen der souveränen Völker, er sucht sie ihres Rechtes auf freie Wahl ihres Entwicklungsweges zu berauben und bedroht ihre Sicherheit. Der Imperialismus ist erbost über den anwachsenden Kampf der Volksmassen um selbständige Entwicklung und soziale Umwälzung und verstärkt daher den konterrevolutionären Terror . . .

Wie lautet die Schlußfolgerung? Wenn die Imperialisten und ihre Helfershelfer sozialen Veränderungen hindernd in den Weg treten und zu Unterdrückungsmaßnahmen und zu bewaffneter Gewalt ihre Zuflucht nehmen, bleibt den Werktätigen zuweilen nichts anderes übrig, als zur Waffe zu greifen und auf Gewalt mit Gewalt zu antworten. W. I. Lenin hat in seiner bemerkenswerten Vorlesung „Kritik und Revolution", die er vor fast 70 Jahren im Mai 1917 gehalten hat, hervorgehoben, daß die Marxisten „die Möglichkeit revolutionärer Kriege, d. h. Kriege, die sich aus dem Klassenkampf ergeben haben, von revolutionären Klassen geführt werden und direkte, unmittelbare revolutionäre Bedeutung besitzen, nicht ablehnen können" . . .

Einige bourgeoise Ideologen lehnen Partisanenmethoden des Kampfes von der Position eines abstrakten Humanismus aus ab. Ein solcher „Humanismus" außerhalb des Klassenzusammenhangs birgt in sich keine geringe Gefahr, denn er desorientiert und entwaffnet ideell Menschen, die eine unzureichende Erfahrung des politischen und klassenmäßigen Kampfes besitzen.

DOKUMENT 114

Positionsbestimmung gegenüber dem bürgerlichen Pazifismus

D. Volkogonov, Imperativy jadernogo veka (Die Gebote des nuklearen Zeitalters), in: Krasnaja zvezda, 22. 5. 1987.

Je höher unsere Kampfbereitschaft ist, desto geringer ist die Wahrscheinlichkeit, daß der potentielle Aggressor sich zu einem nuklearen Abenteuer entschließt. So lautet noch immer ein Argument des nuklearen Zeitalters.

Leider gibt es nicht selten Ausführungen von einigen [privaten sowjetischen] Autoren, die genaue Klassenpositionen vermissen lassen. Ich mache dabei den Vorbehalt, daß wir im abstrakten Pazifismus keinen ideellen „Feind“ sehen – eher umgekehrt. Aber man darf sich auch nicht schämen zu sagen, daß ein solcher Pazifismus nicht den Standpunkt der Kommunisten darstellt . . .

Die Realitäten dulden keine Illusionen. Wie bisher sind die Worte Lenins aktuell: „Wer gedacht hat, daß es leicht ist, den Frieden zu erreichen, daß man nur mit Friedensgestammel anfangen muß, und die Bourgeoisie bietet ihn uns auf dem Tablett dar, der ist naiv.“ Die Konzeption des neuen Denkens bedeutet nicht ein Ignorieren der neuen Realitäten, sondern im Gegenteil deren möglichst vollständige Berücksichtigung.

DOKUMENT 115

Die Gefahr der nuklearen Katastrophe und die Wahrung des Friedens

A. Achtamzjan, Istoričeskij opyt stran socializma v bor'be za rešenie korennych problem mirovoj politiki (Die geschichtliche Erfahrung der Länder des Sozialismus im Kampf um die Lösung der grundlegenden Probleme der Weltpolitik), in: Meždunarodnaja žizn', 1/1987, S. 59

Die Abrüstung ist ein Ideal des Sozialismus. Das Streben nach diesem Ideal bestimmt das Herangehen der sozialistischen Staaten an die internationale Politik. Der Verzicht auf die Anwendung von Gewalt und auf die Androhung von Gewalt ist für die Länder des Sozialismus keine taktische

Methode, sondern eine prinzipiell wichtige Haltung in der Außenpolitik. W. I. Lenin hat hervorgehoben, daß der konsequent friedliebende Kurs der Sowjetrepublik ihr Popularität und Unterstützung von seiten der Völker der gesamten Welt sichert. Sie versteht, so unterstrich W. I. Lenin, „zu siegen durch den Verzicht auf die Anwendung von Gewalt".*

* S. Dokument 86.

DOKUMENT 116

Lenins Definition des Abrüstungsideals

O lozunge razoruženija (Über die Losung der Abrüstung), (1916), in: W. I. Lenin, Polnoe sobranie sočinenij, izd. 5oe, Band 30, Moskau: Izd. pol. lit. 1962, S. 152–154.

Eines der Hauptargumente zugunsten der Abrüstung ist der nicht immer direkt ausgesprochene Gedanke: Wir sind gegen den Krieg, überhaupt gegen jeden Krieg, und der bestimmteste, klarste, unzweideutigste Ausdruck dieser unserer Ansicht ist eben die Forderung der Abrüstung . . .

Die Abrüstung ist ein Ideal des Sozialismus. In der sozialistischen Gesellschaft wird es keine Kriege geben und wird folglich die Abrüstung verwirklicht werden. Aber der ist kein Sozialist, der erwartet, daß der Sozialismus *ohne* soziale Revolution und Diktatur des Proletariats verwirklicht wird. Diktatur ist Staatsmacht, die sich unmittelbar auf die *Gewalt* stützt. Gewalt in der Epoche des 20. Jahrhunderts – wie überhaupt in der Epoche der Zivilisation – ist weder die Faust noch der Knüttel, sondern das *Heer*. Die „Abrüstung" in das Programm aufnehmen, hieße schlechthin sagen: Wir sind gegen die Anwendung von Waffen. Das ist genausowenig marxistisch, als wenn wir sagen würden: Wir sind gegen die Anwendung von Gewalt . . .

Die kautskyanische Predigt der „Abrüstung" . . . ist vulgärster Opportunismus, bürgerlicher Pazifismus, der in *Wirklichkeit* . . . nur dazu dient, die Arbeiter vom revolutionären Kampf abzulenken . . .

Unsere Losung muß lauten: Bewaffnung des Proletariats, um die Bourgeoisie zu besiegen, zu enteignen und zu entwaffnen. Das ist die einzig mögliche Taktik der revolutionären Klasse, eine Taktik, die sich aus der ganzen *objektiven Entwicklung* des kapitalistischen Militarismus ergibt und von dieser Entwicklung diktiert wird. Erst *nachdem* das Proletariat die Bourgeoisie entwaffnet hat, kann es, ohne an seiner weltgeschichtlichen Aufgabe Verrat zu üben, alle Waffen zum alten Eisen werfen, was es dann auch zweifellos tun wird, aber erst dann, auf keinen Fall früher.

DOKUMENT 117

Lenins politische Bewertung des westlichen Pazifismus

Brief an den in Genua mit den Westmächten verhandelnden Außenminister G. W. Tschitscherin und Anweisung an die ZK-Sekretäre, 16. Februar 1922, in: V. I. Lenin, Polnoe sobranie sočinenij, Bd. 54, S. 170 f.

Ich bitte, meine folgende Antwort Stalin und Molotow zu zeigen und an Tschitscherin weiterzuleiten:

Genosse Tschitscherin! Sie sind zu nervös. Wir werden noch am 22. oder 23. 2. Zeit haben, den Plan für das Verhalten in Genua zu besprechen.

Den Pazifismus haben sowohl Sie als auch ich als das (zu fordernde) Programm einer revolutionären proletarischen Partei bekämpft. Das ist klar. Aber wer hat wo und wann die Benutzung der Pazifisten durch diese Partei zur Zersetzung des Feindes, der Bourgeoisie, bestritten?

Ihr Lenin.

DOKUMENT 118

Lenin über die den westlichen Pazifisten gebührende Unterstützung

Brief an G. W. Tschitscherin vom 14. März 1922 [ohne die Nachschrift], in: V. I. Lenin, Polnoe sobranie sočinenij, Bd. 45, S. 34.

Genosse Tschitscherin! Ich habe Ihren Brief vom 10. 3. gelesen. Mir scheint, Sie selbst haben das pazifistische Programm in diesem Brief ausgezeichnet dargestellt.

Die ganze Kunst besteht darin, sowohl dessen [propagandistische] Vorschläge als auch unsere geschäftsmäßigen [Verhandlungs-]Vorschläge laut und deutlich *vor* der Auflösung (wenn „sie“ [die Kapitalisten] es zu einer schnellen Auflösung [der Konferenz von Genua] kommen lassen sollten) auszusprechen.

Diese Kunst wird sich bei Ihnen und unserer Delegation finden. Nach meiner Ansicht sind bei Ihnen schon 13 Punkte herausgekommen (ich schicke meine Anmerkungen auf Ihrem Brief), die ausgezeichnet sind.

Wir werden alle neugierig machen, wenn wir sagen: „Wir haben ein umfassendes und vollständiges Programm!“ Wenn sie es nicht veröffentlichen lassen, dann werden wir es unter Protest *drucken*. Überall ein „kleiner“ Vorbehalt: Wir Kommunisten, so heißt es, haben unser *eigenes* kommunistisches Programm (die III. Internationale), *aber* wir halten es dennoch für unsere Pflicht, *wie Kaufleute* (und sei es nur um eine zehntausendstel Chance) *die Pazifisten* im anderen, d. h. bürgerlichen Lager (zu dem wir die II. und die II$^{1}/_{2}$. Internationale [die Sozialdemokraten] zählen), *zu unterstützen*.

Es wird sowohl giftig als auch „im Guten“ sein, und es wird der Zersetzung des Feindes dienen.

Mit dieser Taktik werden wir *auch* bei einem Mißerfolg in Genua gewinnen. Auf einen für uns unvorteilhaften Handel *werden wir nicht eingehen*.

Mit kommunistischem Gruß

Ihr Lenin.

Hinweise zur formalen Gestaltung der Dokumentation

Der beschränkte Platz machte vielfach Textkürzungen notwendig. Nur so wurde es möglich, Kernaussagen zu einer größeren Anzahl von Problemen zu bringen. Jede Kürzung ist mit drei Punkten (. . .) gekennzeichnet. Des weiteren wurden an Stellen, wo dies zur Erleichterung des Verständnisses erforderlich schien, in eckiger Klammer erläuternde Hinweise eingefügt.

Zwei Punkte und runde Klammern geben entsprechende Satzzeichen in den Quellen selbst wieder.

Die Wiedergabe der russischen Namen im Text erfolgt in phonetischer Umschrift. Dagegen werden die russischen Namen und Titel in den Quellenangaben, die den Texten vorangestellt sind, in der wissenschaftlichen Umschrift gebracht. Daraus kann sich eine unterschiedliche Schreibweise von Namen ergeben.

In zwei Fällen – bei der Wiedergabe der Rede Gorbatschows vor dem ZK-Plenum vom Januar 1987 und eines Artikels von D. Wolkogonow vom 22. Mai 1987 – wurden teilweise bzw. vollständig Texte aus dem Archivteil der Zeitschrift „Osteuropa“ verwendet. Der Redaktion sei an dieser Stelle für die großzügige Genehmigung gedankt.

Namensverzeichnis[1]

Achromojew [Achromeev], S. F., Marschall der Sowjetunion, Generalstabschef und Erster stellv. Verteidigungsminister**, Mitglied des Verteidigungsrates, ** Mitglied des Zentralkomitees

Afanassjew [Afanas'ev], Wiktor Grigorjewitsch
Chefredakteur der zentralen Parteizeitung „Prawda" (mit dem Status eines Abteilungsleiters des ZK-Apparats)*, Mitglied des Zentralkomitees, Vorsitzender der Journalistenvereinigung der UdSSR

Achtamsjan [Achtamzjan], Abdulchan A.
Publizist und Politologe im Apparat der Akademie der Wissenschaften der UdSSR

Beglow [Beglov], Spartak Iwanowitsch
„Nowosti"-Journalist in gehobener Position, Professor an der Journalismus-Fakultät der Lomonossow-Universität in Moskau

Busajewa [Buzaeva], Je.

Dobrynin, Anatoli Fjodorowitsch
Sekretär des ZK der KPdSU für internationale Beziehungen und Leiter der Internationalen Abteilung des ZK-Apparats,*), Mitglied des Zentralkomitees, Vorsitzender des Ausschusses für auswärtige Angelegenheiten im Nationalitätenrat des Obersten Sowjet*

Gorbatschow [Gorbačëv], Michail Sergejewitsch
Generalsekretär des ZK der KPdSU, Vorsitzender des Politbüros, Vorsitzender des Verteidigungsrates, Oberkommandierender der sowjetischen Streitkräfte, Mitglied des Präsidiums des Obersten Sowjet

Gribkow [Gribkov], A. J., Armeegeneral
Generalstabschef des Warschauer Pakts, Erster Stellvertreter des Befehlshabers des Warschauer Pakts, Mitglied des Zentralkomitees, Mitglied des Obersten Sowjet

Jakowlew [Jakovlev], Aleksandr Nikolajewitsch
Mitglied des Politbüros*, Sekretär des ZK der KPdSU für Beziehungen zu nicht-kommunistischen Ländern, Wissenschaft, Kultur und Propaganda*, Mitglied des Ausschusses für auswärtige Beziehungen im Nationalitätenrat des Obersten Sowjet*

Jassjukow [Jasjukov], M., Generalmajor
Professor an einer Militärakademie

Jasow [Jazov], Dmitri T., Armeegeneral
Kandidat des Politbüros*, Verteidigungsminister*, Mitglied des Verteidigungsrates*, Stellvertreter des Oberkommandierenden der sowjetischen Streitkräfte (Gorbatschow)*, Mitglied des Zentralkomitees*
Jefimow [Efimov], N., Major
Kandidat der philosophischen Wissenschaften, Dozent an einer Militärakademie
Jermaschkin [Ermaškin], N.
Kaptschenko [Kapčenko], Nikolai Iwanowitsch
Chefredakteur der – vom Außenminister herausgegebenen – Zeitschrift „Meždunarodnaja žizn'"
Komarow [Komarov], Je.
Kortunow [Kortunov], Wadim Wassiljewitsch
Journalist im Dienste der Presseagentur „Nowosti", hochrangiger Mitarbeiter des Ministeriums für auswärtige Angelegenheiten der UdSSR und des Sekretariats des Präsidiums des Obersten Sowjet
Kostew [Kostev], G., Konteradmiral
Professor an einer Marineakademie, führender Vertreter der Uboot-Einheiten
Kusnezow [Kuznecov], Wladlen
Publizist im Dienste der Presseagentur „Nowosti"
Lisitschew [Lizičev], Aleksej Dmitrjewitsch, Armeegeneral
Leiter der Politischen Hauptabteilung der Armee und Flotte (mit dem Doppelstatus einer Abteilung sowohl des ZK-Apparats als auch des Verteidigungsministeriums)*, Mitglied des Zentralkomitees*, Mitglied des Obersten Sowjet
Lokschin [Lokšin], Grigori
Mitglied des Vorstandes des Sowjetischen Komitees für die Verteidigung des Friedens (mit Verantwortung für die Beziehungen zu den Friedensorganisationen im deutschsprachigen Raum)
Luschew, Pjotr G., Armeegeneral
Befehlshaber der Strategischen Reserven (Militärbezirke Moskau, Wolga und Ural)*, Erster Stellvertreter des Verteidigungsministers*, Mitglied des Verteidigungsrates*, Mitglied des Oberkommandos der Streitkräfte*, Mitglied des Zentralkomitees*, Mitglied des Obersten Sowjet
Lushkow [Lužkov], Dmitri
Mtschedlow [Mčedlov], Michail Petrowitsch
Stellv. Direktor des Instituts für Marxismus-Leninismus beim ZK der KPdSU

Ogarkow [Ogarkov], Nikolai W., Marschall der Sowjetunion
Oberkommandierender des Strategischen Operationsgebietes (TVD) West, Mitglied des Zentralkomitees, Mitglied des Obersten Sowjet
Petrow [Petrov], Wladimir
Primakow [Primakov], Jewgeni Maksimowitsch
Direktor des Instituts für Weltwirtschaft und internationale Beziehungen der Akademie der Wissenschaften der UdSSR (mit enger Beziehung zu ZK-Sekretär Jakowlew*), Mitglied der Akademie der Wissenschaften der UdSSR, Stellv. Vorsitzender des Sowjetischen Komitees für die Verteidigung des Friedens, Mitglied des Obersten Sowjet
Sagladin [Zagladin], Wadim Walentinowitsch
Erster stellv. Leiter der Internationalen Abteilung des ZK-Apparats (verantwortlich für Europa), Sekretär des Ausschusses für auswärtige Angelegenheiten im Nationalitätenrat des Obersten Sowjet
Schewardnadse [Ševardnadze], Eduard Amwrosiewitsch
Mitglied des Politbüros*, Außenminister*, Mitglied des Verteidigungsrates*, Mitglied des Oberkommandos der Streitkräfte*, Mitglied des Obersten Sowjet
Seljaninow [Seljaninov], Oleg Pawlowitsch
Botschafter, Mitarbeiter des Instituts für internationale Beziehungen beim Ministerium für auswärtige Angelegenheiten der UdSSR
Serebrjannikow [Serebrjannikov], W., Generalleutnant
Professor an einer Militärakademie
Shukow [Žukov], Juri Fjodorowitsch
Vorsitzender des Sowjetischen Komitees für die Verteidigung des Friedens (bis März 1987), Erster stellv. Vorsitzender der Allunionsvereinigung „Sovexportfilm"
Skorodenko P., Oberst
Professor an einer Militärakademie
Tschebrikow [Čebrikov], Wiktor Michailowitsch, Armeegeneral
Mitglied des Politbüros*, Vorsitzender des KGB*, Mitglied des Verteidigungsrates*, Mitglied des Oberkommandos der sowjetischen Streitkräfte*, Mitglied des Obersten Sowjet
Uspenski [Uspenskij], Wiktor Konstantinowitsch
Mitarbeiter a. D. des Ministeriums für örtliche Industrie der RSFSR, Mitglied des Obersten Sowjet
Wodolasow [Vodolazov], Grigori Grigorjewitsch
Wolkogonow [Volkogonov], Dmitri Antonowitsch, Generaloberst
Stellv. Leiter der Politischen Hauptverwaltung der Armee und Flotte (mit dem Status einer Abteilung sowohl des ZK-Apparats als auch des Vertei-

digungsministeriums), zuständig für politische Instruktion und Erziehung

Anmerkungen:

1 Erläuterungen:
Die Namen sind in phonetischer Transkription wiedergegeben. Bei den Nachnamen wird die wissenschaftliche Transkription in eckiger Klammer hinzugefügt.
* = Funktionsübertragung unter Gorbatschow
** = Funktionserhöhung vor Gorbatschow, aber unter dessen Mitwirkung